中国图书馆学会2009年学术年会论文集

不朽的图书馆精神：汶川地震与家园重建

中国图书馆学会　主编
程焕文　编

国家图书馆出版社

图书在版编目(CIP)数据

不朽的图书馆精神:汶川地震与家园重建/中国图书馆学会主编;程焕文编.—北京:国家图书馆出版社,2009.10

ISBN 978-7-5013-4177-1

Ⅰ.不…　Ⅱ.①中…②程…　Ⅲ.抗震救灾-概况-中国-2008
Ⅳ.D632.5

中国版本图书馆 CIP 数据核字(2009)第 183636 号

书名　不朽的图书馆精神:汶川地震与家园重建

著者　中国图书馆学会　主编　程焕文　编

出版　国家图书馆出版社(原北京图书馆出版社)
(100034 北京市西城区文津街 7 号)

发行　010-66139745　66151313　66175620　66126153
66174391(传真)　66126156(门市部)

E-mail　cbs@nlc.gov.cn(投稿)　btsfxb@nlc.gov.cn(邮购)

Website　www.nlcpress.com→投稿中心

经销　新华书店

印刷　北京联兴盛业印刷股份有限公司

开本　880×1230(毫米)　1/32

印张　7.375

版次　2009 年 10 月第 1 版　2009 年 10 月第 1 次印刷

字数　150 千字

书号　ISBN 978-7-5013-4177-1

定价　25.00 元

本书由
北京世纪超星有限公司
赞助出版

目　录

社会的援助

灾害的防范

精神的弘扬

序

这本《不朽的图书馆精神:汶川地震与家园重建》是经过中国图书馆学会聘请的图书馆学专家三审,最后由学术研究委员会确定的中国图书馆学会2009年学术年会优秀论文专集。按照往年的惯例,中国图书馆学会每年举办学术年会时一般只编辑出版一本优秀论文集,主要收录被评为优秀论文获奖论文。今年中国图书馆学会同意在此基础上将入选中国图书馆学会2009年学术年会第6分主题"不朽的图书馆精神:汶川地震与家园重建"的全部优秀论文单独结集出版,以示重视。这种破例自然顺应了时代的需要和图书馆界同仁的期望,值得赞许。

2008年5月12日,一场特大的汶川地震震撼了全世界,牵动了每个人的心。虽然众志成城、万众一心抗震救灾的惊心动魄时刻已经过去,但是,许多人仍然在密切地关注地震灾区全面而持久的家园重建,祈望能够继续奉献自己的绵薄之力。自然而然,总结、分析、研究汶川地震与图书馆事业的各种相关问题,亦成为近一年多来图书馆界关注的课题。

2008年10月27—31日,中国图书馆学会在重庆举行2008年年会,国际图书馆协会联合会主席克劳迪亚·卢克斯女士首次应邀出席。这次年会对抗震救灾给予了高度的重视,大会主席台上矗立着六块背景板,左边是四川省都江堰帐篷图书馆中孩子们的读书场景,右边是2006年世界读书日"公众的权益与选择——来吧到图书馆来读书"主题广场活动的场景。在开幕式之后举行了主题为"汶川地震后的图书馆:公众文化权益保障机制的重建"的大会报告,对抗震救灾和重建家园工作进行了回顾与展望。年会期间,中国图书馆学会和国家图书馆联合主办了包括灾情报告、政府关怀、业界凝聚力、不屈的脊梁和重建启示等内容，题为《大震不屈 大爱无疆——赈灾重建：图书馆在行动》的图片展览，生动地反映了全国图书馆界抗震救灾的情况。其后，国际图联主席克劳迪亚·卢克斯女士与特邀抗震救灾模范人物——绵竹图书馆馆长李开成和北川图书馆馆长李春出席国际图联主办的2009年世界图书馆大会。

2009年1月中旬，我在短暂的"图书馆家园"四川志愿行中接触了一些极重灾区的图书馆人，他们面临的各种困难时常超出了我们的想象，如何持久地援助受灾的图书馆和图书馆人，如何重建图书馆，是我们必须面对的一个持久而重要的现实问题。在这次志愿行中，我产生了在今年的年会上举办一个专题会场的想法，在与灾区图书馆人交换这种想法时，也获得了他们的认同。不久，我收到了中国图书馆学会秘书处胡秋玲老师关于征集年会分主题的电子邮件，于是，我提出了以下几点基本想法：

(1)借中国图书馆学会2009年学术年会之机，组织一次有关汶川地震的图书馆学术研究，探讨其中的各种相关问题。

(2)通过征集、编辑、出版和发表相关论文，全面总结、记录和研究汶川地震灾区的图书馆事业，以供今后借鉴，同时亦为灾区图书馆人发表论文提供实在的机会。如果学会原意出资，我建议出版征文专集；如果学会有困难，我个人乐意自任主编，自筹经费出版该专集，或者在图书馆学期刊上开设专题栏目，发表其中的优秀论文。

(3)我个人乐意筹集资金赞助灾区的图书馆人参加中国图书馆学会2009年学术年会，为他们参加学术活动提供方便。

令人欣慰和感激的是，我的这些想法得到了中国图书馆学会陈力副理事长和汤更生秘书长的认同。

2009年4月中旬，中国图书馆学会正式发布了2009年年会征文通知，其中第6分主题为"不朽的图书馆精神：汶川地震与家园重建"。我为分主题作了如下阐释：

（1）图书馆受灾情况的总结与研究：各地各类图书馆建筑、藏书、人员、设备等受灾情况的总结分析与防灾研究。

（2）灾区的图书馆工作与服务：灾后灾区图书馆的自救工作与灾民服务，包括各种流动阅览室服务、文化共享工程服务。

（3）灾后图书馆的规划与重建：各级政府的图书馆重建规划，各类图书馆的重建规划设计，灾区图书馆面临的困难与重建需求。

（4）灾后的图书馆援助与志愿服务：灾后国家和社会各界对灾区图书馆的各种援助，各省市图书馆的灾后对口援助计划与行动，个人和民间的灾区图书馆志愿服务（灾区民办流动阅览室、图书馆家园计划、公司企业的援助计划与行动），国际组织和外国友人对灾区图书馆的援助计划与行动。

2009 年 6 月，四川人民出版社出版了四川省图书馆学会和四川省图书馆主编的《废墟上的精神家园——“5·12”汶川大地震中的四川图书馆》一书。该书以中英文对照、图文并茂、铜版精装的方式生动地记录了在汶川大地震以后四川图书馆人、社会各界和国际友人抗震救灾的历程。8 月，国际图书馆协会联合会在意大利举办 2009 年世界图书馆大会，该书成为与会代表全面了解四川图书馆界抗震救灾的重要媒介。

2009 年 8 月中旬，年会征文终审结束，于是，我开始编辑有关汶川地震的优秀论文。凑巧的是，8 月中旬，我到成都参加一个专业学术会议时，正好遇到了一批灾区的图书馆同仁。为了弥补年会征文中的一些遗漏，我特别邀请四川大学图书馆姚乐野馆长、姜晓副馆长、西南科技大学图书馆高凡馆长、绵竹图书馆李开成馆长、北川图书馆李春馆长等撰著专文。令人感动的是，他们在极短的时间内就完成了文稿。因此，这本论文集还收录了这些不可或缺的特约论文。

这本论文集共收录论文 30 篇，分不朽的精神、不屈的脊梁、重建的思考、社会的援助、灾害的防范和精神的弘扬 6 个部分，从多个方面反映和研究了有关汶川地震的图书馆学问题，是一本值得阅读和收藏之作。

衷心地感谢全体论文作者，特别是来自极重灾区图书馆的作者惠赐大作。从他们的朴实文字中，我们可以真切地感受到不屈的精神、满腔的热血和感恩的情怀。

衷心地感谢北京世纪超星有限公司和董事长史超先生自汶川地震以来一直慷慨地援助受灾的图书馆人，并资助本论文集的出版。

衷心地感谢国家图书馆出版社金丽萍等编辑夜以继日地编辑本论文集，使之得以及时出版。

由于编辑时间仓促，编者水平有限，错误在所难免，敬请读者批评指正。

程焕文

2009 年 9 月 21 日

于广州中山大学康乐园竹帛斋

不朽的图书馆精神
——汶川大地震周年启示录

程　歌　缪卫星(四川省图书馆)

2008 年 5 月 12 日汶川大地震,震动了全国,震撼了世界。惨烈的受灾场面、救援部队的艰难挺进、志愿者的忘我奔突、命悬一线的一个个生命被力量的双臂托起、国家领导人始终站在救援的第一线……那些激情与悲情同在的日子是我们永远也挥之不去的记忆。

1　四川图书馆界受损情况

1.1　公共图书馆

汶川特大地震,是新中国成立以来破坏性最强、波及范围最广、救灾难度最大的一次地震,给全川人民生命财产和社会经济发展造成了巨大损失。图书馆行业宝贵资源遭受重大损失,人员生命受到极大威胁。据统计,震中的北川、汶川、青川、茂县 4 个县市图书馆整体坍塌,职工无家可归。26 个县、市馆严重损毁,27 个严重破坏,损毁图书逾 182.24 万册、设备 1.3 万台(套),大量珍贵文献和数十年工作成果遭受重大损毁。

地震中,北川县图书馆一临时工和一退休职工罹难,7 名公共图书馆职工受伤,尤以北川县图书馆馆长李春最为严重。

1.2　高校校图书馆和其他类型图书馆

四川省共有 34 所高校图书馆在这次震灾中受到不同程度损伤,阿坝师专等十余所高校图书馆损毁严重。图书馆内书架倒塌,服务器、计算机等设施设备也遭到严重破坏,毁坏的图书资料数量达40万册。其中,阿坝师专的4000多师生,成为"有校难回"的重灾人群。

四川农业大学都江堰校区图书馆两名职工的孩子在地震中遇难。

位于绵竹市汉旺镇的东方汽轮机厂新建的图书馆大楼也受到重创。

2 公共服务型政府力量的体现和灾后重建中的作用

党的十六届三中全会后,各级政府努力建设公共服务型政府,以社会公众的需求为出发点,以社会公众的满意程度为最高标准。其成效已经在"非典事件"中显现,更在汶川大地震中彰显。无论是国家领导人始终在抗震救灾第一线指挥救援抢险,还是全国哀悼日国旗半垂山河呜咽,还是恢复重建中国力的倾力投入,无不体现着公共服务型政府的力量。作为公共服务型政府中的重要部分——公共文化服务体系,也受到各级党政和文化主管部门的关怀和援助,给予了灾区文化系统抢险救灾、恢复重建的信心和力量。2008年6月11日国务院《汶川地震灾后恢复重建对口支援方案》颁发,确立18个对口省的援建工作。6月25日,全国文化系统灾后恢复重建对口支援工作会议在成都召开。8月27日,全国文化信息资源共享工程国家中心《关于向汶川地震灾区县(市)级支中心开展对口业务培训的通知》文下发,18个对口援建省对灾区公共图书馆的智力援助得以顺利实施。

灾后,文化部部长、副部长,全国文化信息资源共享工程国家中心领导人和四川省文化厅领导都迅速赶往灾区,视察灾情,慰问文化系统职工。

去年,政府的投入有2008年底中宣部为四川极重灾区公共图书馆下拨恢复重建专项资金，全国文化信息资源共享工程国家中心为四川灾区建设共享工程39个居民安置服务点，文化部为四川39个重灾区文化局配发57辆文化流动服务车。除此之外，今年元月，全国文化信息资源共享工程国家中心为四川重灾区780个居民安置点安装了780套共享工程设备；3月，文化部、财政部为四川39个重灾区公共图书馆赠送图书52万册；4月，为四川重灾区780个居民安置点赠送图书62万册。党和政府的大力援助，通过四川省文化厅、四川省图书馆、四川省图书馆学会、全国文化信息资源共享工程国家中心四川分中心源源不断地分送到灾区图书馆和居民安置点，使这些文化精神产品在地震大灾后发挥抚慰心灵、增强信心，焕发抗灾精神的作用。

3 图书馆人职业道德的净化和职业精神的提升

3.1 灾区图书馆人自救

在抗震救灾斗争中，图书馆人恪尽职守，坚强不屈，积极自救，用生命和血汗与人民共同谱写了战胜灾难的英雄壮歌。

在大灾大难面前，图书馆工作者既是普通受灾群众又是图书馆员。危难之际，牢记职责，保护读者安全，成为图书馆人首要的选择。

西南科技大学一位学生在从图书馆逃生中，被图书馆大堂坠落的石材砸中，鲜血和脑浆迸出，一位女馆员抱起这位倒地的读者跑到馆外安全地放下时才发现她已经遇难。在高校图书馆中，最后撤离的都是图书馆的干部职工，正是他们高尚的职业精神和责任感，几万读者得以安全撤离。

北川县图书馆馆长李春，在废墟下被埋75小时被成功救出，她的一举一动牵动了全国图书馆人的心，她的全部救助治疗过程都倾注着党和政府的关怀和图书馆界大爱无疆的关爱，在经历12次手术后她得以慢慢地康复。李春在“5·12”汶川大地震周年感言中说：

“图林的温暖陪伴我走过了一年。”我们在李春的身上看到了灾区图书馆人不屈不挠、坚韧不拔的生命力，看到她为北川县图书馆的灾后重建呼吁和呐喊……

3.2 灾区图书馆人责任

地震灾区的图书馆人经历着家毁人亡的悲痛，但图书馆人的使命感让他们自觉地担当起特殊时期记录历史与文化传承的责任。

阿坝高等师范专科学校是震中地带唯一的一所高校，也是受灾最严重的学校之一，由于地面整体移动，全校所有建筑成为“站立着的废墟”。可学校同仁坚信，只要师生和图书在，阿师就一定会在！在阿师全部转移的过程中，汶川到成都的交通困难，全校6000余名学生和300多名教职工经过三次换车，绕行几百公里到成都，完成千里大迁移。路途遥远，车次有限，学校规定，每个教职工撤离时只允许携带一大一小两个包裹。但是，学校却将图书馆近40万册藏书全部抢运到了成都，其中相当部分是非常珍贵的藏羌文献。

位于震中的汶川县羌族图书馆是唯一的羌族图书馆，馆舍严重毁损。在余震不断的情况下，馆长陈红丽不顾众人的劝说，冒着生命危险带领职工在废墟中抢救出700多本珍贵的羌族文献。北川图书馆副馆长唐成，在县城刚解禁的日子里，多次返回县城，在废墟上寻找到图书馆的主机硬盘和移动硬盘，为图书馆恢复重建找到了可以使用的大量数据、图片和影像资料。青川县灾后不仅与外界交通阻断多日且是余震最为频繁的地带之一，县图书馆在地震中只剩下了残垣断壁，就在这样恶劣的条件下，身体多病的赵姝姝和娇小瘦弱的虎妍，这两个女图书馆员在废墟中死死地守住外界送来的赠书达一个月之久。

这次大地震，东汽新建成投入使用的图书馆大楼损坏严重。大楼内存放着技术开发、生产的大量文献资源，它凝结着几代东汽人的智慧和心血，是东汽乃至国家重大装备建设事业的宝贵财富。灾情就是命令，图书馆干部职工奋力投入抢险，浙江省消防总队、杭州消防队的官兵也不顾危险，全力帮助抢救文献资源。

在四川省图书馆的指导下，绵阳市、广元市、德阳市图书馆把搜集地震地方文献作为己任，组织人力物力搜集到大量珍贵地震文献，并于汶川大地震周年之际在成都、绵阳、广元、德阳图书馆展出，受到观众的好评。

在四川省文化厅领导下，在四川省图书馆、四川省图书馆学会的上下协调、八方联络、悉心组织下，5 月 19 日，都江堰共享工程服务点、780 个灾区居民安置点的文化服务站以灾后最快速度在 2009 年春节前建成。图书馆人用自己的智慧、心血构筑起共克时艰的坚强脊梁，体现了高尚的图书馆职业情操。

4 地震中的图书馆学会

4.1 中国图书馆学会

中国图书馆学会在地震发生后，充分发挥上下沟通、联系广泛等优势，始终与灾区图书馆学会保持密切的联系，并开通中国图书馆学会网站"抗震救灾专栏"，及时发布灾区信息。2008 年 5 月 18 日，中国图书馆学会向四川灾区发来慰问信，同时向各分支机构、各地方图书馆学会、全体会员和图书馆同仁，以及所有关心支持中国图书馆事业的企业、机构、社会组织和个人发出倡议，向受灾同胞伸出援手，奉献爱心，开展募捐活动。中国图书馆学会还向国际图书馆联合会（IFLA）发出《公开信》，通报灾情，呼吁全球图书馆界关注灾区图书馆，并启动"IFLA 灾难基金"。11 月在中国图书馆学会的组织联络下，国际图联主席克劳迪亚·卢克斯博士来到四川，作"图书馆的发展与挑战"专场报告会并到灾区图书馆考察，给予灾区图书馆人以极大的精神鼓舞。

今年元月，汤更生秘书长一行受中国图书馆学会的重托，带着全体志愿者的厚爱专程到四川看望灾区住板房的图书馆员，发放慰问金，被灾区图书馆人誉为“暖冬”行动。

中国图书馆学会通过自己的行动进一步提升了在行业中的地位，树立了良好形象。

4.2 四川省图书馆学会

灾情就是命令，四川省图书馆学会秘书处当即行动起来，利用各种联络方式向灾区图书馆了解灾情，很快将目标锁定在汶川、北川、青川、平武县图书馆和阿坝师专图书馆。

了解灾情，及时向各级领导部门和向全国关注者汇报，以寻求外界的援助，是四川省图书馆学会的职责所在。李忠昊理事长及时地向国家图书馆、文化部全国文化信息资源建设管理中心和各省级图书馆通报了四川受灾图书馆的情况。全国图书馆界纷纷伸出援助之手，向灾区基层图书馆捐款、捐物、捐图书。

5 月 26 日开始，四川省图书馆学会、四川省高校图工委、万方数据股份有限公司组成的抗震救灾图书馆援助团冒着余震不断、塌方、泥石流和唐家山堰塞湖高危排险等艰险，实地勘察了解人员伤亡和馆舍受损情况，并给图书馆带去了急需的帐篷、药品、食品、日常用品等救灾物资。5 月 26 日至 5 月 30 日，由于都汶公路中断，四川省图书馆副馆长彭本诚率抗震救灾慰问小分队带着救灾物资，冒着塌方的危险，绕行雅安、宝兴、马尔康、理县，行程达 1800 公里，赶赴地震灾区汶川、茂县进行慰问。

地震中的图书馆，得到了万方数据股份有限公司、北京龙源期刊创新信息技术有限公司的援助。

灾后一年间，四川省图学会克服路险塌方，足迹遍布所有极重和重灾区图书馆，时时关注他们的需要，为他们提供力所能及的帮助。利用学会的平台，加强与国内外图书馆学（协）会的交流与合作，争取援助。

5　志愿者的旗帜高高飘扬

2006年中国图书馆学会启动“图书馆志愿者行动”，组织图书馆界精英分赴祖国各地开展活动，开启了中国图书馆界志愿者的先河。2007年7月，以李超平为组长的中国图书馆学会志愿者来四川省为130余名基层图书馆馆长培训班授课，从此与四川基层图书馆结下了不解之缘。

2008年5月21日，由广东图书馆学会理事长程焕文、超星数字图书馆史超董事长发起的“图书馆家园”志愿者援助图书馆人行动，得到了海内外400多志愿者的响应，这项民间抗震救灾慈善项目旨在长期援助汶川大地震中受灾的图书馆人。带着400多志愿者的重托，2008年6月和2009年元月，“图书馆家园”行动组两次抵达四川，在四川省图书馆学会同心协助下，分赴灾区图书馆慰问，足迹遍布所有极重灾区，共慰问公共图书馆24个、高校图书馆8个，惠及馆员500余人。春节期间，志愿者程焕文、萧德洪还自费为灾区图书馆人送上精美的糖果。“图书馆家园行动”对帮助灾区图书馆人渡过难关起了积极的作用。

重庆大学的杨新涯发起的“蒲公英行动”，与北川县图书馆建立长期合作的关系，先后几次为北川图书馆捐赠了急需的办公用品，还在重庆大学建立北川图书馆分馆。

曾蕾，美国华人图书馆员，武大校友会成员。她在美国组织同仁募集图书，始终与四川省图书馆、四川省图书馆学会、北川图书馆保持密切的联系，为北川图书馆的灾后重建精心策划、申请基金项目做了大量的工作。当我们想了解她的详细情况，记住她为灾区人民做的事情时，她却婉言谢绝了。

这样的志愿者还很多，如长期坚守在灾区居民安置点图书室的绵竹市的山西志愿者刘晋芳和北川县马建霞夫妇，他们都为灾区做了很多很多……灾区图书馆人是懂得感恩的,会记住具有崇高理想、勇于奉献的志愿者的。

6 经历这场大灾大难后的思考

恩格斯说:"没有哪一次巨大的历史灾难,不是以历史的进步为补偿的。"汶川大地震周年之际,我们痛定思痛,寻觅大灾大难中宝贵的精神遗产,继往开来,弘扬抗震精神。

思考一:图书馆建设标准顺应发展

公共图书馆的建筑在震灾中不堪一击,数十个重灾区公共图书馆全面受损,无法恢复服务工作。目前,公益性文化设施的灾后重建工作正处于规划阶段,政府部门已经重视了图书馆建设的抗自然灾害的能力。2008 年年底,建设部、发改委共同颁发的《公共图书馆建设标准》,就公共图书馆的抗震级别也作了具体规定。这无疑对灾后重建公共图书馆有着重大的意义。

思考二:国家的强大是人民的依靠

大灾大难面前,作为生命共同体的国家是每一个公民最强大的依靠。国家对灾区文化系统的大力投入,使我们深刻地感受着党和政府在抗震救灾中的主导地位和人文关怀,增强了战胜灾难的信心,明确了图书馆人的责任与使命,提升了图书馆人公共文化服务的意识和职能,促进灾区图书馆人全身心地投入到灾后文化流动服务工作中去。

思考三:图书馆精神释放巨大能量

汶川大地震激发了抗争精神。经历了大灾洗礼的图书馆人,灵魂得以净化,他们用行动诠释了"人文理想的核心是通过图书馆保障民众获取知识和信息的公平权利”（英国图书馆学者爱德华兹语）和“爱国、爱馆、爱书、爱人”（程焕文语）的图书馆精神。在大灾大难面前，全国图书馆界高度团结、友善，迅速捐款捐物，谱写出一曲曲感人的抗震诗篇，留存给全国图书馆人宝贵的图书馆精神财富。如何让抗震救灾中焕发出的图书馆精神不朽，并贯穿于我们图书馆服务工作的始终，不被时间的流逝而淡化，是值得我们图书馆人进一步深思和探讨的课题。

思考四：学会的组织功效不容忽视

图书馆学会是图书馆同仁学术交流的群众性组织，它不具行政领导职能，同行间的交流沟通更为亲切自然、更加灵活。群众性的民间组织的亲和力使其在特殊危难时期发挥了更为实效的组织作用，学会这个平台在这非常时期把协作协调、组织联络功能发挥到极致，让身在其中的图书馆同行深感行业的温暖。

思考五：志愿者之歌与生命的礼赞

“志愿者的存在，成为抗震救灾和灾后重建的一支重要力量。他们以如此整体的形象为‘5·12’震后废墟上立起了志愿者丰碑，成为大地震一笔重要的遗产，为中国社会注入信心，也让世界刮目相看。”图书馆志愿者们身体力行地践行着志愿者的崇高理想和无私奉献。特别是“图书馆家园”行动的慈善行为，是对以人为本、崇尚生命的礼赞，是国家援助的有力补充。相比有的募集资金迟迟不能送达灾区图书馆人之手，痛失帮助他们渡过难关的最佳时机而言，“图书馆家园”行动其自发、民主、灵活、高效的工作机制则独树一帜。

7　结语

“5·12”汶川大地震让中华民族经受了精神世界的集体洗礼，其猛烈度震撼人心。图书馆界也演绎了一场大爱无疆的动人场景，激发了图书馆职业精神的升华和丰富，这些宝贵的精神财富是促进我国图书馆事业发展的动力。为此，我们有充分的理由在这"5·12"汶川大地震周年之际，告别过去，坚强信心，开创未来，使图书馆事业更加辉煌。

参考文献

1 国务院办公厅. 国办发〔2008〕53 号 汶川地震灾后恢复重建对口支援方案[2009-08-20]. http://news.xinhuanet.com/politics/2008-06/18/content_8391394.htm.

2 李忠昊. 废墟中的图书馆家园——图书馆. 中国图书馆学会工作通讯，2008(6)

3 程焕文，周旭毓. 图书馆精神——体系结构与基本内容. 图书馆，2005(2)

4 尚庄. "5·12"汶川地震引发的对图书馆精神的丰富、拓展和升华. 当代图书馆，2009(1)

5 宋显彪. "汶川大地震"背景下的图书馆社会责任. 四川图书馆学报，2009(2)

6 中华人民共和国文化部. 公共图书馆建设标准. 北京：中国计划出版社，2008

7 tujun618 的博客. 中国志愿者——成都见证. [2009-08-20]. http://tujun618.blog.163.com/blog/static/6722555120094149384362 4/

四川省高校图书馆抗震救灾、恢复重建工作记事

姚乐野(四川大学图书馆)
姜　晓　高　凡(西南交通大学图书馆)

"5·12"大地震发生后,在震后第一时间,四川省高校图工委迅速组织调查了震区各高校图书馆的人员和资产受灾情况。经调查统计,全省共有34所高校图书馆不同程度受损,相当部分图书馆已成为高度危房,无法修复,需要重建,图书馆内书架倒塌,服务器、计算机等设施设备也遭到严重破坏。四川高校图书馆财产损失惨重。

1　组织慰问团赶赴灾区图书馆进行慰问

2008年5月26日至28日,四川省高校图工委副主任兼秘书长、四川大学图书馆馆长姚乐野教授等人分别参加了由四川省图书馆学会、四川省高校图工委、万方数据股份有限公司、北京超星公司组成的多个抗震救灾图书馆援助团,先后到达四川建筑职业技术学院、四川工程职业技术学院等高校图书馆,实地勘察了解人员伤亡和馆舍受损情况,送去慰问信件和抗灾自救急需的物资。

2　召开高校图书馆馆长抗震救灾座谈会

2008年6月20日,四川高校图工委在成都召开高校图书馆馆长抗震救灾座谈会,来自全省高校图书馆的30余名馆长参加了座谈。

这是馆长灾后第一次相见,大家都有一种劫后余生的感慨。馆长们通报了各馆抗震救灾情况,并交流了防灾、抗灾及救灾的经验和教训。

会上交流的经验对非重灾地区高校图书馆很有启发。2008 年 8 月 30 日,凉山州和攀枝花交界处发生 6.1 级地震,攀枝花学院图书馆按照会上交流的经验成功地组织了读者疏散。

3 向全国高校图工委汇报,为灾后重建赢取关注与支持

2008 年 8 月 1 日至 2 日,教育部高等学校图书情报工作指导委员会二届五次会议召开。在此次会议上,四川大学图书馆姚乐野馆长代表四川省高校图工委作了"四川高校图书馆抗震救灾情况汇报",全面通报了受到地震损害的 34 所高校图书馆的基本情况;绵阳师范学院图书馆前任馆长杜新中委员作了"震灾中的绵阳师范学院图书馆"的报告。根据四川省震区高校图书馆的受灾情况,全国高校图工委决定在充分调研受灾高校图书馆需求的基础上,发动全国高校图书馆及有关数据库商、出版社从馆舍重建规划、文献资源恢复、人员培训和业务恢复等方面为地震灾区高校图书馆提供支持。同时四川省图工委也积极开展工作,为四川省高校图书馆争取多种援助。

3.1 "图书馆家园"志愿者行动

"图书馆家园"志愿者行动是 5 月 18 日由中山大学图书馆程焕文馆长、超星数字图书馆史超董事长共同发起,海内外 400 余名图书馆人积极参与,针对图书馆人的专项援助活动。该项目在四川省图书馆学会和四川省高校图工委积极配合下,从 2008 年 6 月 17 日到 22 日,行动组行程上千公里,遍及极重灾区的 10 个县、市,共慰问公

共图书馆17个,高校图书馆8个,惠及馆员400余人,发放现金50余万元,给予了灾区馆员精神上和物质上的双重支持和帮助。

3.2 重灾区图书馆馆员培训计划

为落实全国高校图工委二届五次会议和上海图书馆行业协会理事会精神,经四川省高校图工委与上海图书馆行业协会及国内各高等院校图书馆联系,在灾后重建的过程中,分批安排重灾区图书馆馆员到各馆培训。

3.3 爱思唯尔公司捐赠原版图书活动

2008年9月11日下午,荷兰爱思唯尔(Elsevier)公司向四川省高校图工委以及受地震影响较重的高校图书馆分别捐赠了一批原版图书。爱思唯尔科技部国际市场总裁Cohen Eduard先生代表爱思唯尔公司分别向四川高校图工委及西南科技大学图书馆捐赠了价值30 000美元和价值15 000美元的原版图书。

3.4 万方数据四川地震灾区数字图书馆资源捐赠活动

2008年12月17日,万方数据四川地震灾区数字图书馆资源捐赠活动在成都召开。万方数据公司向受灾最为严重的18所高校图书馆捐赠了价值人民币205万元的数字图书馆科技文献资源。

4 召开地震灾区高校图书馆灾后重建工作会

2008年9月12日,四川省高校图工委召开了地震灾区高校图书馆灾后重建工作会,来自汶川、绵阳、都江堰、德阳等"5·12"地震重灾区的10所高校图书馆负责人、四川省高校图工委各秘书长参加了会议。本次会议旨在更好地征求了解各图书馆灾后重建需求,探讨灾后全国高校图书馆对口援助的可行性方案。四川省教育厅王康副厅长在会上作了重要讲话，教育厅高教处赵锦菜调研员出席了会议。

王康副厅长代表四川省教育厅对奋战在灾后高校图书馆重建第一线的工作人员表示崇高的敬意和深切的慰问。

5 加快推进灾后恢复重建工作

5.1 阿坝师专图书馆异地恢复开馆

2008 年 9 月 1 日，地处震中汶川的唯一高校——阿坝师范高等专科学校在成都郫县古城镇攀枝花学院成都教育实习基地正式复课。几代阿坝师专人积累下来的 40 余万册图书资料，已经从损毁严重的图书馆内抢救出来并安全转运至攀枝花学院成都教育实习基地。学校组织人员奋战 60 余天抢修了图书馆，在复课的这一天图书馆也恢复了核心业务。

5.2 部分受损严重的高校图书馆正在重新规划、设计、建设中

"5 · 12"地震使部分高校图书馆损毁严重，已成为高度危房，无法修复，需要重建，但图书馆仍然坚持在临时馆舍或板房中向读者提供服务。在各级部门和学校大力支持和积极努力下，目前绵阳师范学院图书馆、四川建筑职业技术学院图书馆正在重新规划、设计、建设中。

5.3 西南科技大学图书馆于 2009 年 3 月 18 日举行了灾后恢复开馆仪式

"5 · 12"地震对西南科技大学图书馆东区中心馆造成了严重损失，馆内财产和设备损失达 70 万元，图书损毁约 30 万册，震后东区中心馆完全停止使用。灾害发生后，各级领导和兄弟院校图书馆通过各种方式关心慰问图书馆，社会各界纷纷向图书馆伸出援手，图书

出版业的朋友们向学校捐赠图书约合人民币 20 万元。由于网络设备受损，图书馆的数字资源无法正常使用，数据公司积极支持该校直接访问总部资源。经过大力修复、整修，西南科技大学图书馆东区中心馆面貌焕然一新，服务功能全面恢复，图书馆于 2009 年 3 月 18 日重新开放。

坚强 感恩 启迪
——"5·12"抗震救灾中图书馆人的回顾与思考

廖先明 张尔君(四川绵阳市图书馆)

1 坚 强:大悲铸大爱,大爱铸国魂

"多难兴邦",让我们领悟了灾难终会过去,全国人民在抗震救灾中同呼吸、共命运、心连心的强大合力让我们更加坚强。

1.1 坚强的组织救援:越是危急时刻,越是需要坚强的组织救援

2008年5月12日14时28分,一场历史罕见的8级特大地震突然袭击绵阳,瞬间山崩地陷、房倒屋塌、河断道塞,电力、通信、供水瘫痪,摧毁了家园、校舍、厂房,夺走老师、同学、亲人,因灾死亡21 963人,254.41万人无家可归,惨烈悲剧成为我们永远的伤痛和无尽的哀思……党和政府面对巨大灾难快速反应,胡锦涛总书记、温家宝总理在抢险救援的危急关头亲临第一线指挥救灾,所有中央政治局常务都先后赶往灾区,举全国之力抗震救灾,解放军二十多个兵种的成千上万官兵,全国无数的医护人员、新闻工作者、志愿者从四面八方汇聚成了生死大救援的强大合力,用最快的速度,拯救生命,救助人民。在生与死的危急关头,13亿中国人民表现出前所未有的爱心和热情,表现出前所未有的勇敢和智慧。

1.2 坚强的抗震精神:越是危急时刻,越是需要弘扬抗震精神

大悲铸大爱,大爱铸国魂。灾难激发民族力量,团结互助与国民

意识同在。山河可以改变,道路可以阻断,房屋可以摧毁,但摧毁不了中华民族坚强的抗震救灾精神。有一种爱超越了亲情、友情、爱情,那是一种不分你我的爱,温暖人间的爱,超越一切的大爱。那无疆大爱昭示了大真大善大美,必将在灾区化作不朽的精神动力;那中华民族在抗震救灾中同呼吸、共命运、心连心的倾力之援闪耀出让世界惊讶的光芒。生与死的抉择,泪与汗的融合,铸就了伟大的抗震救灾精神。抗震精神的精髓就是以人为本的精神,一切围绕人的生命,一切力量在以人为本的信念下集结;抗震精神的核心就是守望相助、共克时艰、勇于承担、无私奉献的公民精神;抗震精神的表现就是不怕牺牲、不怕疲劳、连续作战,冲破一切艰难险阻去争取胜利的英雄主义精神。

1.3 坚强的抗灾自救:越是危急时刻,越是需要自强不息

"5·12"特大地震让绵阳灾区图书馆人经历了痛苦灾难,经受了生死考验。他们有过悲伤,但没有悲观;有过沉痛,但没有沉沦。他们满怀对自己事业的炽热和认同,舍小家、顾大家,听从安排,服从指挥,不谈条件抢着干,不论难易勇争先,日夜风餐露宿坚守在抗震救灾第一线,图书馆团队凝聚力和战斗力得到了空前的增强,从而形成了抗震救灾"图书馆人精神"。这是一种知难而上、自强不息的坚强意志,是一种乐观向上、无坚不摧的昂扬斗志,它以其巨大的力量和独特的内涵标注出我国图书馆员的精神高度。

2 感恩:滴水之恩,当涌泉相报

感恩融入血脉的灾区人民永远铭记危难困境中那一双双援助之手和一份份关爱之情,将把感恩化为努力回报社会的不竭动力。

2.1 感恩社会:灾区图书馆人不会忘记

"5·12"特大地震后,大爱涌动中国,温暖汇集绵阳,在党中央的

统一部署下,全国人民紧急行动起来,急灾区群众之所急,办灾区群众之所需,解灾区群众之所难,纷纷以各种方式支援绵阳抗震救灾。那一笔笔倾注着同舟共济捐款的无价情谊,那一件件汇聚爱心暖流的救灾物资,为灾区人民抗提供了强大的的人力物力财力支持,灾区人民向所有牵挂、关爱、不舍这片大地的人们致以崇高的敬礼。绵阳7个市县公共图书馆在地震中图书损失惨重,其中北川县图书馆全部倒塌被埋,5个图书馆大楼主体均出现倾斜成为危房,书架大面积扭曲,严重损毁的文献达70余万册。绵阳市图书馆向全国400多家出版社及大型图书馆发出请求图书文献支援信函,许多出版社和图书馆收到求援信函后纷纷回电回函表示大力支援。截至12月26日,已收到民族出版社、新华出版社、国家图书馆等35家出版社捐赠的价值近226万元图书,仅民族出版社一家就捐赠了900多个品种、价值100万元的图书,高度体现了"一方有难,八方支援"的亲如同胞关爱之情。我们灾区图书馆人会倍加珍惜这些无私援助,并将这种社会大家庭的关爱支持化为灾后重建的无穷动力。

2.2 感恩图林:灾区图书馆人不会忘记

中共中央政治局常委李长春、文化部副部长周和平等各级领导多次到绵阳慰问抗灾自救的图书馆人。全国图书馆界的一批批、一件件捐赠物品陆续送到了绵阳灾区图书馆人手中,这凝聚着从文化部和国家图书馆、文化信息资源共享工程国家中心到各援建省市图书馆乃至社会各界热心捐赠者的浓浓深情。2008年6月至12月,"图书馆家园——援助图书馆人计划"的发起人中山大学程焕文教授等志愿者先后3次奔波到绵阳灾区进行慰问和援助行动,对遇难和受伤的图书馆人及家属进行了援助,发放援助金约22万元,表达了"图书馆家园"的全体志愿者对灾区图书馆人的大爱。北川县图书馆馆长李春在地震中被埋75小时获救后转到南京医治,绵阳市图书馆职工杨三禄同志在地震中右大腿被砸断后被转至西安医治,他们都先后得到了南京、西安图林人无微不至的关爱之情。正因为有了全国图林人的关爱与支持，绵阳灾区图书馆人悲痛过后的脸上洋溢着坚强乐观的笑容。

2.3 感恩服务：灾区图书馆人不会忘记

在特大地震灾难中用“以人为本”理念去唤起灾区人民自强自救的激情，用文化去化解和抚慰人们忧伤心灵的社会责任，他们响亮地提出了“知恩而感激、感激而奋进、奋进回报社会”感恩服务宣言。这些宣言在近一年的帮助灾区群众重树信心、心理援助、文化安民等方面发挥了积极的作用。温家宝总理3次到北川唐家山实地指导排危避险，绵阳城区紧急撤离20万人。在这危难之处，绵阳灾区图书馆人没有退却，主动、积极地组成了“重建精神家园、文化安民行动”12个流动服务队，带上自编的抗震救灾动态信息和实用书刊资料，背上“易播宝”投影音像设备，勇敢地走进灾民安置点，先后共放映公益电影380场次、进行书刊展阅276场次、发放《防震防疫常识》等宣传资料10.5万份，为灾区群众提供了优质快捷的文化服务活动。在抗震救灾最艰苦的5、6、7月里，绵阳灾区图书馆人的文化流动服务队从未停止自己的脚步。各灾民安置点、帐篷读书点、板房图书室中忙碌着他们服务的身影。春节期间，文化部、共享工程国家中心向绵阳配送了162套灾区板房图书馆设备。绵阳七市县图书馆人放弃了春节与家人团聚，利用“共享工程”的网络和资源优势，在各灾民安置点进行春节文化抚慰服务，先后开展专题讲座66次，进行书刊展阅190场次，放映公益电影370场。丰富多彩的流动服务极大地满足了灾民安置点的群众春节有书报读，有电影看，有讲座听，受到灾区干部群众的高度赞扬。

3 启迪：前事不忘，后事之师

经历地震的图书馆人冷静反思，作以下思考与建议。

3.1 公共图书馆的救灾避难作用

我们要坚持科学发展观，尊重科学，尊重规律，公共图书馆灾后重建必须要有超前性和预见性，应选择地势平坦、开阔、便于群众疏散的区域位置进行重建。公共图书馆是人们每天学习、交流、活动的场所，在发生重大灾害时，公共图书馆应该作为人们紧急避难的场所。在这次“5·12”特大地震中，绵阳市图书馆前面2000平方米的草地花园和停车场住满了避震的市民，对紧急疏散避难和缓解市民情绪起到了重要的作用。故建议国家立法部门对正在草拟的《公共图书馆法》中，将公共图书馆建设纳入国家救灾避难计划体系。

3.2 公共图书馆的灾后重建问题

在这次“5·12”特大地震中，灾区图书馆存在着大跨度建筑物的抗震能力差，建筑物安全疏散通道位置选择实用性差，大型装饰玻璃华而不实等不安全问题。《公共文化设施灾后重建规划指导意见》、《公共图书馆建筑标准》都已颁布，这是进行图书馆灾后重建的重要依据，我们要根据灾区地质条件确定重建区域，结合公共图书馆主体功能选择建设方案，按地震等级设防来提高公共图书馆的抗地震的能力，既要认真听取专家和群众的意见，更要重视公共图书馆重建反映的相关诉求。另外，在进行公共图书馆重建方案设计时，应充分考虑其社会公益服务特点，给公共图书馆配备必要的交通设施等。

3.3 加强社会志愿者公益服务建设

在这次“5·12”特大地震中，我国各级图书馆学会在组织救灾慰问和捐款捐物、协调志愿者义务服务、帮助灾区图书馆重建等方面发挥了重要的作用。通过这次抗震救灾，全社会对公共图书馆的公益服务理念的认识得以提高，志愿者参与社会公益服务的激情得以增强。对此，我们应该大力营造有利于社会公共服务的舆论氛围和文化环境,使社会公共服务理念得到越来越多人的接受和认同,以吸引和感召更多的人成为勇担社会责任的公益服务者;逐渐强大社会公益服务志愿者队伍,把抗震救灾中爆发的热情,变成灾后重建的长期行动,未来相当长的时间里,社会公益服务仍然需要无数志愿者的支持和帮助。

3.4 建立图书馆应急救灾处理机制

这次抗震救灾暴露出图书馆人的热情高于理性,在大灾爆发瞬间很多图书馆人不知道该干什么,缺乏必要的应急救灾素质与技能,存在公共安全信息交流渠道不畅等问题。当代公共图书馆职能就是要最大限度发挥其在组织社会资源应对公共突发性事件处理的作用。为此,我们要有针对性地开展图书馆员的防灾减灾基本常识和避险互救的基本技能培训,提高图书馆员应对突发性事件的抢险救援能力和心理安抚服务水平。建立公共图书馆应急救灾处理机制,虽然无法阻止地震等灾害的发生,但可以通过有效的工作,在灾害到来时将损失降到最低限。

3.5 大力弘扬抗震救灾精神

抗震救灾,灾后精神家园重建已经纳入国务院灾后恢复重建的总体规划,其中重要的就是要大力宏扬抗震救灾精神。这是因为当我们遭遇挫折、面临困境的时候,它能带给我们迎难而上的信心与力量。我们要把抗震救灾中的优秀文献资料和音像制品形成独特的地方资源优势。绵阳市图书馆以记忆灾难、珍藏历史、感恩大爱为宗旨,在将收集到的珍贵地震文献资料进行永久性保存的基础上,建立起“5 · 12”地震文献阅览室,这既是对我们的孩子们进行灾难教育,又可供社会各界从不同方面来总结今后应对类似自然灾害的办法。

3.6 扩大公共图书馆服务层面

在历史的长河中,文化的力量有时是显性的,有时是隐性的,但它总是客观存在的，它在艰难险阻时期鼓舞和激励人的力量是巨大的。在近一年的抗震救灾和灾后重建经历中，我们深切感受了灾区人民对防震防疫、避险救护、法律保障、心理援助、咨询信息的迫切需要。公共图书馆应该在重建精神家园中积极行动，不断整合资源，延伸公共图书馆服务的递送终端；增强供给能力，尽可能地把城市优质文化资源直接送到广大农村和社区，最大限度地发挥公共图书馆服务基层的作用；扩大公共文化服务在灾区各个临时板房图书馆、农村书屋的惠及层面，这是当前灾后文化重建的一个紧迫而重要的任务。

灾难让人奋进，困境孕育希望。走过灾难，我们更加坚韧；走过灾难，我们更加自信自强。我们要把抗震救灾中形成的无疆大爱延续下去，继续发扬伟大的抗震救灾精神，用坚定的信念、积极的心态、昂扬的斗志战胜一切艰难险阻，朝着光明的未来奋勇前进。

弘扬抗震救灾精神　重建图书馆家园
——对“5·12”地震后灾区图书馆家园重建的思考

陈红丽(汶川县图书馆,汶川羌族图书馆)

1　汶川发生特大地震

2008年5月12日14时28分,汶川发生了里氏8.0级特大地震。这次地震是一次震源浅、烈度强、波及范围广、影响面大的特大地震,也是新中国成立以来破坏性最广、灾害损失最大的一次地震灾害。这次地震波及四川、甘肃、陕西、重庆、云南等10省(区、市)的417个县(市、区),总面积约50万平方公里。

2　受灾地区公共文化设施及图书馆损毁情况

据初步统计,各省市公共文化设施和图书馆的损毁情况如下:

2.1　四川省受灾情况

全省灾区的文化基础设施均严重受损。其中4个县文化局行政大楼、文化馆、图书馆、影剧院(剧场)、242个乡镇综合文化站、11个文化信息资源共享工程基层服务点整体垮塌,4个县文化局、34个县文化馆、29个县图书馆、235个乡镇综合文化站、32个影剧院(剧场)、16个文化信息资源共享工程基层服务点成为危房,32个县文化局、文化馆、25个县图书馆、382个乡镇综合文化站、72个影剧院

（剧场）、29 个文化信息资源共享工程基层服务点遭到不同程度的破坏。

2.2 甘肃省受灾情况

全省 278 处文化设施受损，其中文化出版局办公楼 16 个，图书馆 17 个，文化馆 24 个，文化站 190 个，影剧院 12 个，剧团排练场所 14 个，书画院 4 个、文艺创作室 1 个。

2.3 陕西省受灾情况

全省 99 处文化设施受损，其中图书馆 11 个，文化馆 13 个，群艺馆 4 个，文化站 31 个，剧团排练场所 14 个，剧场 10 个，影院 16 个。

2.4 云南省受灾情况

全省 43 处文化设施不同程度受损，其中文体局办公用房 2 幢，图书馆 5 个，文化馆 11 个，文化站 22 个，剧团排练场所 1 个，人民会场 1 个，宣传文化中心 1 个。

2.5 重庆市受灾情况

全市共有 363 个文化设施和建筑受损，其中文化局机关办公楼 6 个，图书馆 11 个，文化馆（艺术馆）10 个，文化站 323 个，剧团排练场所 7 个，影剧院 6 个。

3 灾后公共图书馆家园的重建

面对突如其来的巨大地震灾难，在党、国家和中央军委的坚强领导下，各族人民众志成城，国内各界和国际社会积极施援。灾区的图书馆人也和灾区广大干部群众一道奋起自救。经过顽强努力，抗震救灾取得了重大阶段性胜利，去年底已经进入家园恢复重建阶段。

“图书馆家园”的灾后重建也列入了议事日程。作为一个处于震中汶川的长期从事图书馆工作的工作者，在失去了家园、失去了工作场地的情况下，一方面非常关心图书馆家园的重建，另一方面也正在积极地参与到图书馆家园的重建之中，因而图书馆家园重建的一些问题也引起了本人的思考。

3.1 灾后图书馆家园的重建非常重要、非常迫切，但不是在很短的时间里就能够很快完成

3.1.1 灾区图书馆的重建非常重要

灾区的公共图书馆是灾区公共文化服务体系的一个重要组成部分。它担负着在灾区宣传党的路线方针政策，传播党和政府的声音，传播科学文化知识，丰富灾区群众文化生活，抚慰灾区群众心灵，构建灾区群众精神家园的重任。因此，在灾区图书馆家园的重建中，我们要充分利用灾区图书馆在抗震救灾中发挥作用的事实，通过面谈、请示、报告、人大代表的议案、政协委员的提案，主动积极地向各地的有关领导、单位、部门争取，使图书馆的重建能够引起他们的充分重视。不能因为我们的不主动、不积极，让图书馆在灾区重建中被淡忘、被边缘化，从而失去这次难能可贵的发展机遇。

3.1.2 灾区图书馆家园的重建非常迫切

地震使许多人失去了祖祖辈辈赖以生存的生活家园，同时，图书馆职工也失去了自己的生活家园和赖以服务和开展工作，为群众提供智力支持的精神家园。有的图书馆物理空间和书刊都没有了，有的图书馆馆舍已经严重受损暂时不能使用了，许多图书馆只能在搭建的临时板房中勉强维持服务。目前灾区许多图书馆的业务工作都处于瘫痪或半瘫痪的状态，应该开展的业务工作，可以提供的服务，由于受目前场地和条件的限制，图书馆工作者心有余而力不足。这种状况不利于发挥灾区图书馆在灾后群众重建生活家园，建设社会主义新农村中为各级党委、政府，各族群众灾后重建提供信息、动力和智力支持的积极作用。灾区图书馆家园的重建是非常迫切的。因

此,我们灾区图书馆的职工特别是图书馆馆长,一定要主动出击,尽快进入图书馆灾后恢复重建的状态。除了以上提到的主动争取外,还要主动了解和熟悉有关图书馆建设的规定、标准、程序,尽快进入重建状态。并根据当地建设局、国土局、计划发展局、援建单位批准的建设地点、用地面积、建设资金等编制出《建设方案设计任务书》,交建设方或援建方进行前期设计。

3.1.3 灾后图书馆家园的重建并不是在很短时间里就能够很快完成

一方面,这次汶川特大地震造成了受灾面积广大、受灾人口众多、自然条件复杂、基础设施损毁严重的困难局面。灾后的恢复重建任务异常繁重,工作也充满了挑战。地震灾后的恢复重建是一项十分艰巨的工作,要用3年左右的时间。被地震毁掉的几十年的积累和建筑,在短时间里完成恢复重建,需要国家和灾区上上下下的领导、干部、职工、群众继续弘扬伟大的抗震救灾精神,艰苦努力,共同奋斗。灾区图书馆家园的重建,也需要图书馆工作者继续发扬抗震救灾精神,团结合作,辛勤劳动,付出心血。

另一方面,修一个崭新的、功能齐全的图书馆,添置一些现代化的设备设施,国家再为灾区的图书馆配备一些新的图书,只要有地盘,资金到位,图书馆家园重建硬件的建设是能够很快建成的。但是,“图书馆家园”建成后,怎样管理好图书馆这个新家,怎样使用,怎样发挥好新设备、设施和资源的作用,怎样利用功能完善的新馆更好地为群众服务,真正发挥图书馆在公共文化服务体系中的作用,使图书馆成为灾区群众心目中的精神家园,将是灾区图书馆工作者必须解答的一道考题。与之相匹配的软件的建设才是一个非常迫切,且比较慢长的过程,需要经过一段时间才能达到。所以,灾后“图书馆家园”的重建并不是在很短时间里就能够很快完成的。因此,我们在建设图书馆新家园的同时,一定要非常重视图书馆软件的建设,利用目前暂时不能开展其他工作的空档,提前做一些准备。

3.2　在重建中全面贯彻落实科学发展观，坚持以人为本，尊重自然，统筹兼顾，科学重建

地震在给我们带来灾难的同时，又为受灾地区的发展，特别是公共图书馆的发展带来了一次前所未有的新的机遇。例如，汶川县城的重建规划是将图书馆家园的重建安排在地理位置最好的中轴线上，这在地震前是想都不敢想的。

但是，图书馆家园的重建到底应该怎样进行，他的规模、功能应该怎样定位，建成以后没有援助了，图书馆的运行全部由地方财政来负担，怎样维持图书馆的正常运行，这些都是我们在图书馆新家园的建设中首先应该定位和考虑的。因此，我们必须在重建中全面贯彻落实科学发展观，坚持以人为本，尊重自然，统筹兼顾，达到科学重建。

3.2.1　重建图书馆家园要贯彻科学发展观

科学发展观是统领我国政治、经济、文化、社会发展的指导思想。在目前图书馆进入家园恢复重建的背景下，我们灾区的图书馆人首先需要在科学发展观的指导下，结合重建的实际认真思考和研究图书馆事业怎样实现全面、协调、可持续的科学发展。只有通过观念的变革、技术的进步、服务的创新，新的图书馆家园才能建设好。

3.2.2　重建图书馆家园要以人为本

胡锦涛总书记在中共十七大报告中指出：科学发展观，核心是以人为本。深入贯彻落实科学发展观，就必须坚持以人为本。在图书馆家园的重建中坚持以人为本，就是要着眼于满足灾区人民精神文化需求，提高他们的精神生活质量，不断丰富他们的精神世界，抚慰群众心灵。最终通过建设好以后的图书馆的服务，来提高灾区人民的整体素质，促进人的全面发展，这也是图书馆家园重建的目的和落脚点。

3.2.3　重建图书馆家园要尊重自然

由于在这次地震中处于地震断裂带，距离山体和河流较近的单

位和图书馆受灾比远离这些地点的严重，图书馆家园的重建，首先要科学选址。图书馆不能建在地震断裂带上面，要避开地震断裂带。有山体和河流的地区，图书馆的建设还必须考虑避开危险的、发育还不稳固的山体和危及图书馆安全的泥石流、河流。其次，图书馆的建设还必须严格按照地震设防标准，并适当提高。因为图书馆是人群比较集中的场所，是一个公共场所。通过这次汶川特大地震来看，一旦发生灾害，越是人员集中的地方越无法规避，造成的人员伤亡也就越大。要根据资源环境承载能力，考虑灾害和潜在灾害威胁，科学确定图书馆的地址及不同区域的主体功能，优化布局，促进人与自然和谐。

3.2.4　重建图书馆家园要统筹兼顾

只有统筹兼顾，才能协调发展，健康发展。在图书馆家园的重建中要对本馆怎样建设，规模怎么确定，功能怎样划分，服务怎样开展，今后需要开展那些主要业务、辅助业务，援建单位建好后，在当地地方财政对图书馆投入有限的情况下，怎样维持后续的发展，怎样发展图书馆事业等进行思考、研究、定位，统筹兼顾。规模的确定，既要考虑当地可用于图书馆建设的土地、资源，也要根据图书馆的实际需要。新馆的建设除了建筑用地外，也要考虑绿化用地，停车场用地，开展公共活动、少年儿童活动用地等。既要结合震前开展服务的实际，又要考虑到今后图书馆的发展、新服务项目的引入。建设规模应该严格按照每个图书馆所在地的服务人口数、现有人员编制情况，并考虑地方财力和今后的发展适当超前，但必须有把握养得起，能够维持图书馆的正常运转。不应该只是一味地建大。

总之，只要我们在重建图书馆家园中做到了全面贯彻落实科学发展观，坚持以人为本，尊重自然，统筹兼顾，那么我们图书馆家园的重建就是科学重建。

在图书馆家园的重建中，我们灾区的图书馆工作者要继续发扬伟大的抗震救灾精神，艰苦奋斗，付出艰辛的努力，完成好重建灾区图书馆家园的任务。

参考文献

1 国务院抗震救灾总指挥部灾后重建规划组,国家发展和改革委员会,四川省人民政府,住房和城乡建设部. 国发〔2008〕31 号 汶川地震灾后恢复重建总体规划. [2009 - 09 - 01]. http://www.gov.cn/zwgk/2008 - 09/23/content_1103686.htm

2 中华人民共和国国务院. 汶川地震灾后恢复重建条例. [2009 - 09 - 01]. http://www.gov.cn/zwgk/2008 - 06/09/content_1010710.htm

3 中华人民共和国文化部. 地震使川甘陕等地文化系统遭受严重损失. [2009 - 09 - 01]. http://www.gov.cn/gzdt/2008 - 06/03/content_1004922.htm

阿师图书馆从“5·12”汶川特大地震中走来

余　昕(四川省阿坝师范高等专科学校图书馆)

“5·12”汶川特大地震转眼就过了一周年祭。程焕文馆长说:“阿坝师专不仅是震中唯一的高校,而且也是唯一被彻底毁坏的高校”,“经历了痛失校园,背井离乡,辗转颠沛,流离失所的剧痛——远非常人可以想象和能够承受的剧痛”。[1]在正式作文之前,先允许我真诚地感谢为灾区献出爱心的广大人民及各国友人,感谢中国图书馆学会及全体图书情报界的同仁们为我们灾区所做的一切,特别要感谢中山大学图书馆的程焕文馆长及“超星”公司的史总,在他们倡导下成立的“图书馆家园”[2]吸引了无数图书馆界的同仁们解囊相助,为灾区图书馆界送来了温暖和关爱,让我们这些失去家园的灾民重新找到了一个温暖的“心灵家园”。正是有了这么多好心人的无私关爱,党和政府的英明领导,我们对重建家园怀着美好的期待,我们深信我们的家园将比地震前更美丽。怀着对历史的尊重和对将来工作的参考,我把我们馆在这次地震中的经历和开展的工作做一个阐述。

1　地震来了

“5·12”大地震发生在2008年5月12日14点28分,离我们下午上班还有2分钟。突然一声巨响,紧接着地面有点晃动,地震来了。

2 检查灾情

从地震来时，整个县城停电、停水、通讯全无。当天余震频繁，周围山上不停地有石头滚下来，我们在极度恐慌中等到了第二天天明。大概9点钟左右，余震稍微少了些，我们把图书馆的数据抢出来并把受灾情况查看了一下。我们馆共两栋楼：主楼和阅览楼，我们的服务器就放在主楼三楼的电子阅览室里，我和庄馆长冒着余震的危险，很快就把服务器里的硬盘取了出来。电子阅览室里有几台显示器被抖翻在地上，靠墙放的几个柜子也被摇的东倒西歪，各书库均有书架翻落，文献资料满地都是，地上和所有东西都覆盖着厚厚的一层泥，二楼和三楼楼梯口都裂开了一条长长的口子，四方墙体都有好几处裂缝，两个侧门上的砖块都落了下来。阅览楼损毁更严重，整个楼摇摇欲坠。

3 大转移

“5·12”大地震，整个汶川受到了毁灭性破坏，山川满目疮痍，找不到一片净土。我们学校也不例外，原址重建已不可能，经上级有关部门研究决定将异地重建。但是新校区选址在哪儿，如何规划，怎么修，还是一个相对较长的过程，在新校区还没有建设好前，学校总得想办法找一个地方过度。通过上级管理部门的帮助和学校努力，学校暂时在成都郊县的一个小镇上租用某一高校的实习基地。于是，学校从5月23日起开始大转移，首先把全校师生员工和学校的重要档案安全转移至成都离开汶川这个地震震中，然后再把财产运送出来。我们馆几十万册的馆藏资料和所有能够转移的办公设备都通过一辆辆大卡车转运出来。震前行程只需100多公里，现在绕道要行800多公里，仅图书馆的搬运费就用了近20万元。来到成都后，程焕文馆长等图书馆界的同仁们也带着“图书馆爱心家园”的满腔热忱来看望了我们全体图书馆职工。我们全校师生将把这“无私大爱”永存于心。

4 恢复开馆

学校定于8月16日开学，但由于租赁地方的教学大楼、学生寝室、食堂等一切设施都还没修建完成，不能交付使用，开课的日期不得不往后推，直到9月1日才进行了开学典礼。而交给图书馆使用的也只是相当于灾区的板房，十间房子，不到2000平方米。经历了这次生与死的考验，大家都非常珍爱生命，同时也更加热爱工作。尽管成都的夏天很热，蚊子非常多，我们多数职工也是第一次经受这样的天气，但还是非常积极地投入到图书馆的复馆工作中。我们对文献资料进行清理、上架，在国庆前夕，期刊阅览室和图书馆自习室向全校读者开放，达到学校的开馆要求。这段时间非常辛苦，但我们全体工作人员没有叫过一声苦，能够从这么大的灾难中活下来，再苦也是幸福的。

5 主要工作

在“5·12”地震前后，我们主要开展了以下工作：

(1)图书馆馆藏数据的备份与数据抢救。由于我们学校在2007年就遇到了两次较大的险情：一是河对面的山体大面积垮塌；二是2007年的洪水冲垮了我校100多米长的河堤；这两次险情的出现使我们馆领导进一步认识到数据备份的重要性，三番五次要求系统管理员做好图书馆数据的异地备份工作，以备不测。灾难来了后，我们也冒着生命危险抢救出了图书馆内的数据硬盘。所以尽管经历了这种惨绝人寰的大灾难，我们的数据也能完好无损。

(2)文献资料及主要设备的抢救和转移。学校处在这次大地震的震中,幸运的是我们的大楼都没有倒塌,大部分财产都可以抢救出来。所有文献资料和设备都由陈馆长负责组织装运工作。陈馆长带着前来救灾支援的解放军战士,将文献资料分书库、分类装入蛇皮口袋再装车运送出来,外面由庄馆长负责接货,请工人下货,放进存放的房间里。

(3)文献资料的清理。经历了这次大灾难,我馆的文献资料严重受到损毁和遗失。这主要包括有以下几个方面。第一,地震原因。地震造成书架倒塌,摔坏了很大一部分书,地震时出现了几次很浓烈的灰尘污损了文献资料,地震振裂了书库房顶,雨水流进书库损害了一些文献。第二,读者遗失。地震前有部分书被读者借出,特大地震的突然到来给广大学生读者造成了很大的心理恐惧,很多学生从地震来后到最后的大转移都没有再回寝室,借的文献资料也就没有带出来。第三,转移过程中受损和遗失。由于这次转移行程远,路途颠簸,文献资料打包匆忙,且包装材料选择受到限制,缺少专业人员在转移过程中的看护。第四,存放受损。从6月初转移出来到全部上架近四个月时间,我们的文献资料都存放在租用的库房里,库房未经丝毫装修,通风条件差,地表潮湿,文献资料直接放在地面上,加上老鼠较多,文献受损惨重。为了弄清我们在这次地震中损失了多少文献资料,我们对现有的文献资料进行了全面的大清理,将每一册图书重新进行条形码扫描入库,没有被扫到的就是在这次灾难中遗失的。

(4)教材募集。我们图书馆一直负责全校教材的订购与发放工作,“5·12”前有一些第二学年的教材已买了回来,经历大地震后损失惨重。为了新学年学生们能够按时领到教材,我们的馆长和教材科的同志通过各种关系和各大出版社联系,募集到了价值近200百多万元的免费教材,为学校的每一位学子减轻了数百元的经济负担。

当然我们也非常感谢各出版社的慈善之心。

6 地震损失

“5·12”汶川特大地震,我馆受损可谓惨重,现在整个学校都将异地重建,文献资料和可以搬走的设备都运了出来,但损毁也很严重。文献资料损失达10万余册(件);2台服务器,1台报废,另1台花了几千元钱修理才能使用;所有办公用电脑都有不同程度的损坏,加上电子阅览室的电脑有30多台不能用;所有木质书架200多组全部报废,钢材书架也有50多组不能用了,电脑桌椅在搬运过程中也全被抖坏。职工自己的财产损失就不过多介绍了。

7 经验教训

7.1 数据备份的重要性

我们历来都重视图书馆的数据备份工作,通过这次大灾难而能保全我们的数据,这就是与平常对数据备份的重视不无关系。

7.2 文献资料及重要设备转移和存放需要注意的问题

我们的文献资料和设备在转移和存放过程中都受到了不同程度的损毁,究其原因是处理不当。处理不当表现出在:(1)图书资料打包材料选择不当。(2)转移中没有专业人员护送,路途遥远,路况又特别差,加上又是雨季,图书资料的包装本身也有问题,损毁自然是难免的。(3)存放地条件受限。图书资料存放受损的诸多原因在上文已经提到。在今后遇到这样的突发事件时,图书馆应特别注意以上这几个问题。

7.3 文献资料清理的必要性

这次灾难我们图书资料损失惨重,为了摸清各类图书资料损失的具体情况，价值多少，也为以后馆藏资料的补充提供依据而作一个彻底的清理工作是非常必要的。通过上文提到的清理方法清理后，发现损失达10万余册(件)，价值近300万元，其中有50多册古籍资料受潮严重。

8 结语

天灾让我们失去了昔日美丽的校园、温馨的家园，失去了最最可爱的亲人。但是“天灾无情，人间有爱”，在我们最困难的时候，图书馆界的全体同仁为我们灾区的图书馆工作者搭建起了一所美好的“心灵家园”，让我们感到了家的温暖。在他们的关心和帮助下，有党和政府的坚强领导，我们灾区的图书馆全体职工一定会重拾信心，走出伤痛的阴影，为建设更美好的校园努力工作。

参考文献

1 程焕文. 思念震中唯一高校阿坝师专的图书馆人. [2009-09-20]. http://blog.sina.com.cn/s/blog_4978019f0100cy8n.html

2 程焕文. “图书馆家园”援助行动即将展开. [2009-09-20]. http://blog.sina.com.cn/s/blog_4978019f01009jln.html

在地震中崛起的北川图书馆

李　春(四川省北川羌族自治县图书馆)

2008年5月12日震撼全世界的汶川大地震,致使北川县城境内房倒屋塌,山体大面积滑坡,造成老城80%、新城60%的建筑被毁、被掩埋,北川县城被夷为平地,1.5万多人遇难,4000多人失踪,14余万人游离失所。北川图书馆也在地震中倒塌,所有基础的设施荡然无存,馆藏近5万册文献全数被毁。在巨大的灾难面前,坚强的羌族儿女不顾失去家园、失去亲人的痛苦,挺起不屈的脊梁,众志成城抗震救灾,以百折不挠的意志,在一次次余震中冒着生命危险抢救图书馆的财产,尽一切可能全力开展图书馆服务。四海一家的图书馆人也伸出了援助之手,大家携手同心,以无穷的智慧和无限的力量加快推进了北川图书馆恢复和重建的步伐。充分展示了图书馆人在灾难面前坚强不屈、无私奉献的精神风貌,谱写了一曲曲可歌可泣的人间颂歌。

1　北川图书馆受损情况

1.1　基础设施

汶川大地震使北川图书馆遭受重创,老城区图书馆的150余万的房屋整体倒塌,自建馆以来收藏的近5万册图书、古籍善本和特长文献深埋在废墟里。投资387万元修建的新城区图书馆房屋倾斜,新建近10万元的电子阅览室全部损毁。

1.2 人员伤亡

地震中,北川县图书馆的一位临时工和一位退休职工罹难,馆长严重受伤,其他三位幸存的图书馆员无家可归。

2 团结一致抗震救灾

2.1 北川图书馆灾后自救

在灾难面前,我馆全体职工不顾个人安危,强忍着失去家园和亲人的痛苦,服从县上的统一安排,奔赴绵阳九州体育馆协助政府稳定灾民情绪,做好受灾群众的安抚工作。一个月后,我馆职工投入到抗震救灾第一线,在擂古安置点办起了帐篷图书室,开展了"全国文化信息共享赈灾电影放映活动"。利用"易播宝"到擂鼓、任家坪板房区、救援部队、援建单位,放映"抗震救灾、自救、防疫知识"等影片。在余震中冒着生命危险,从废墟上抢救禹羌文献200余册,移动硬盘5个。同时,开始收集和整理流传在国内外有关地方文献及地震后的有关视频、图片资料,收集整理出上百种地方文献。并以网络为平台,发出《北川图书馆公开信》,得到了全国乃至全世界的支持。

2.2 与生命抗争的图书馆人

北川图书馆馆长李春,在废墟下经历了比一个世纪还漫长的不分白昼与黑夜的75个小时后,凭着坚强的毅力挺起了自己生命。

2.3 来自政府力量的人文关怀

面对"上无片瓦,下无立锥之地"陷入绝境的北川图书馆,文化部部长、副部长,全国文化信息资源共享工程国家中心领导人和四川省文化厅、省市图书馆领导运送救援物资,在灾后的第一时间就赶往灾区现场。慰问和安抚受灾、受伤职工和遇难职工家属,不断鼓励大家要坚强、勇敢地面对灾难。他们的关怀让灾区图书馆人感到无比的温暖，激发了职工们战胜困难的信心和决心。大家拧成一根绳，努力搞好灾后重建工作。

2.4 来自五福四海的关爱

“地震无情，人间有爱”。北川图书馆受灾后先后得到了全国各界的鼎力支持，接受全国政协捐赠新书 1 万多册、四库文献 1 套，接受山东文化部捐赠旧书 6 万册以及文化部、财政部下发的近百万元的共享工程设备。

“图书馆家园”启动援助图书馆人计划，程焕文带领“家园”慰问团，奔赴灾区对北川图书馆人在经济上给予了极大的资助，在精神上给予巨大的安慰。

国家图书馆为北川图书馆恢复重建捐书 4000 余册，捐赠馆藏珍品《北川县志》和《石泉县志》影印文献 2 份，同时，还积极传授许多快捷搜集图书的高招。

重庆图书馆组织“蒲公英”志愿者活动，先后几次为北川图书馆捐赠了急需的办公用品，还与北川图书馆建立长期合作的关系，在重庆大学设立了北川图书馆分馆，支援北川图书馆的重建。

浙江大学李超平教授，在博客上呼吁，引来了无数图书馆人的关注。来自大西洋彼岸的美国肯特州立大学的曾蕾教授，全力以赴地为北川图书馆争取荷兰“文化紧急相应行动基金会”的大力援助。

全国中小型图书联合会郭斌会长争取香港祖国出版社，为北川图书馆捐赠了一台价值 20 多万的流动图书服务车。

“一方有难，八方支援”。一家创业的高科技企业愿意无偿提供一套紫府科技图书馆管理系统，还有无数的市民争先恐后地将自己珍藏的图书无偿捐出。全国 150 家图书馆人纷纷伸出援助之手，捐赠图书源源不断地运进北川……

3 探索灾区服务模式，建立精神家园

3.1 建立板房图书室

北川县城因特大地震变为废墟，周边的所有群众分片移居到安全地带的板房区。为了给集中在板房区群众带去精神上安慰，解开心结，帮助灾区群众走出地震的阴霾，增强信心，重建家园，北川图书馆利用捐赠的图书、设备等，2008 年在安昌竹林、永兴、擂鼓等地建立了 16 个板房图书室。2009 年上半年又新建吉娜羌寨、卓卓羌寨、沙金村、任家坪图书室。2009 年 2 月 11 日，中央政治局常委李长春同志视察卓卓羌寨图书室，给予了高度评价。

2009 年 8 月，我馆与乡镇整合资源，在新县城永昌镇建立了集图书外借、内阅、电子阅览为一体的图书室，为山东三万建设大军、当地群众提供了良好的精神家园，受到了大家的好评。8 月 20 日四川省图书馆李忠昊馆长、王嘉林副馆长，绵阳市张尔君馆长一行到沙金村、永昌图书室视察，对北川图书馆板房图书室办出了特色、办出了亮点给予了高度赞扬。北川电视台还将永昌图书室拍成纪录片，为建国六十周年献上了一份厚礼。

3.2 开展流动图书车服务

今年 6 月，全国中小型图书联合会郭斌会长争取香港祖国出版社，为北川图书馆捐赠了一台价值 20 多万的流动图书服务车，给北川图书馆灾后灵活、广泛、有效的文化建设工作带来了新的发展契机。我馆从实际情况出发，制定了图书流动车的服务方案，充分利用新型的文化宣传工具，于 2009 年 6—9 月先后在安昌西桥集市、永兴板房、竹林板房、沙金书屋、新县城永昌镇开展了近六次文化服务活动，受到当地广大群众的好评。纵然环境艰苦，我馆工作人员仍以积极认真的态度. 使得本馆整体工作进度明显提升，把先进的精神食粮

带给了社区、农村和学校、民工,进一步推动了灾区公益性文化事业的顺利发展。

3.3 培训学习,拓展服务视野

为了交流、探索灾区文化服务理念,我馆组织职工到深圳、天津、安徽、深圳、北京、等地开展业务学习,从而拓展了视野,对现代化的图书馆的发展有了更新的认识,为图书馆新馆的规划和设计提出了可参考价值的建设意见。

4 争取援建项目,建设图书馆

4.1 与援建单位联系,推进建设项目

为了与北川新县城建设同步,我馆积极争取山东援建项目,配合文化旅游局做好新图书馆的规划工作,还主动联系山东援建单位、中国城市规划院和县级有关部门,利用外出考察中学到的知识,落实图书馆新馆的建设面积和内部功用设施等。目前,北川图书馆已被列入国家灾后重建项目,地处县城中心地段,建筑面积为3000平方米,总投资2500万元。由山东德州修建新馆,将在2010年10月交付使用,新馆的落成将成为全省历史上最好的县级现代化的数字图书馆之一。同时,我馆加快了与海外援助资金的步伐,与荷兰克劳斯王子基金签订了12万欧元的援助图书馆收藏室的合同。

4.2 宣传北川,引起关注

为了让中国乃至全世界关注北川,我馆充分利用国际国内交流的平台,在中国图书重庆年会、“图书馆家园”数字视频研讨会、第75届大利米兰国际图联的发言会上,把北川图书馆文化事业的发展、地震中受到的破坏和影响,灾后重建计划、羌族文化向国内外同行进行介绍和展示。为宣传北川,让北川羌族文化走进世界打下了坚实的

基础。

4.3 联系书源，为新馆的落成做好准备

北川图书馆是按照一级图书馆进行规划和设计的，面对着近二十万馆藏图书的压力，我馆一是依靠政府提供购书经费，二是启动社会援助，利用网络平台寻找书源。目前我馆通过 QQ 平台已与青岛的一家外贸集团、四川报社记者、各地图书馆等进行了联系，大家将按照我馆提供的要求筹集新书。

5 北川图书馆探索灾后服务的思考

思考之一：北川地处西部地区，经济的发展较为缓慢，馆内工作人员文化水平较低，专业水平有限，在一定程度上制约了图书馆事业的发展。

思考之二：北川图书馆工作人员本来就少，加之一些馆员被主管部门分派到其他地方从事工作，致使办公室、内勤档案管理疏忽、一些重要档案没有完善的记录。

思考之三：由于我馆人员因素的缺乏，对板房图书室管理人员业务指导不够细致，加之图书室工作人员随时更换，导致图书丢失严重。

思考之四：第 75 届国际图联会议的主题是“图书馆创造未来，筑就于文化遗产之上”，要求图书馆不仅仅为社会提供公益性文化服务，还要注重开展存贮、保护脆弱文化遗产，实现文化传统的数字化。这个主题也对北川羌文化的重建提供了很好的参考思路。北川作为全国唯一羌族自治县，受到地震破坏的羌族文化遗产搜集和羌族文化研究事业，也应该在图书馆的重建中得到充分的专题体现。

思考之五：通过外出参观学习，让我们更深刻地认识到一个图书馆人必须具备的素质，看到了自己的差距。同是图书馆人，我们与别

人的差距太大，几乎成了现代文盲。作为县级图书馆人，我们还要奋起直追，缩短与国内和国际业界的差距，不断提高业务水平，从自身的发展优势出发，加大力度搞好公益性群众文化服务。我们坚信，有我们大家的共同努力，北川图书馆这座具有羌族民风的现代化图书馆，一定会以崭新的面貌展现在世人面前。

大震面前不屈不挠
——绵竹市图书馆抗震救灾工作纪实

李开成(四川绵竹市图书馆)

绵竹市位于四川盆地的西北部,东西宽约40公里,南北长约61公里,幅员1244.17平方公里。全市辖21个镇乡,全市总人口51万人。在2008年5月12日的特大地震灾害中,绵竹市距汶川震中30公里,属于特重灾区之一。在这次地震中,绵竹因灾死亡人数11 117人,失踪人数256人,因灾受伤38 000多人,重伤5249人,临时安置人数46.046万人。全市经济损失达1423亿元。

绵竹市图书馆现为"国家一级图书馆"、"德阳市文明单位"、"德阳市文化工作先进单位"。在"5·12"特大地震灾害中,绵竹市图书馆业务大楼和全馆职工住宅均遭到严重损毁,但全馆同志仍然坚守岗位、尽职尽责,克服一切困难,积极投入到抗震救灾的各项工作中去。具体表现在以下方面。

一

2008年5月12日14时28分,四川省汶川县发生里氏8.0级、裂度11度的特大地震。10多万平方公里成为重灾区。地震发生后,图书馆馆长李开成、副馆长代敏和办公室主任李玉泉都及时赶到馆舍门前,了解大楼受灾情况。李开成同志在馆舍严重损毁的情况下,不顾余震危险,直接深入到楼内,察看有无人员伤亡和房屋、财产受损情况,随即向市文体局领导作了简要汇报,当天下午和晚上一直坚守在图书馆综合楼门前,并对馆舍守护作了具体安排。随后,按照市文体局的安排召开了全馆职工会议，对灾后自救及职工防震安置作了具体了解和安排，并积极向上级汇报，反映绵竹市图书馆的受灾情况，使图书馆的抗震救灾工作得到了文化部、共享工程国家中心、省文化厅、图书馆家园志愿者、四川省图书馆、德阳市图书馆及绵竹文体局的直接关心和支持。

二

为了使灾民及时了解外面和当地的信息，图书馆在门前搭设了简易帐篷，设置了“绵竹市图书馆抗震救灾临时阅览点”，摆放了《众志成城·抗震救灾》、《德阳日报》、《志愿者心理援助读本》、《今日绵竹》等宣传资料向读者发放，临时阅览点已接待读者 4 万余人次，发放各类抗震救灾宣传资料 5 万余份。文化部周和平副部长到绵竹视察灾情工作时，专门到临时阅览点看望慰问馆员，并说：“你们自身都受了灾，还开展服务，很不容易。”

三

利用文化信息资源共享工程设备到绵竹大南街居民点、汉旺镇抗震救灾某部侦察连驻地、绵竹市景观大道 2 号立交桥、剑南镇灾民安置点、驻滇某装甲旅、沈阳军区驻绵竹野战医院以及其他镇乡放映抗震救灾专题科教片和其他影视片，共放映了 200 场，接待观众 6 万余人。全国文化共享工程管理中心张彦博主任到绵竹几个主要放映点给予业务指导，并对绵竹市图书馆的工作给予了充分肯定。

四

由德阳市图书馆牵头，绵竹馆参与协助重庆市、天津市少儿图书馆在绵竹重灾区遵道镇震后希望小学内援建500平方米少儿图书馆一座，为灾后孩子们送去了精神食粮。

五

2008年6月19日，由四川省图书馆、全国文化信息资源共享工程四川省分中心、绵竹市图书馆、成都军区驻滇某装甲旅共同举办的“抗震救系列文化活动”，在绵竹市装甲旅救灾部队临时驻地举行。军地相关领导及300余名解放军指战员参加了系列文化活动的启动仪式。绵竹市图书馆为驻滇某装甲旅提供了近万册期刊和书架、期刊架等阅览设备，同时为装甲旅赠送了13幅装裱好的书法作品张挂在阅览帐篷内。驻滇某装甲旅廖永红旅长和四川省图书馆李忠昊馆长共同为“驻滇某装甲旅、绵竹市图书馆军地抗震救灾野战书屋”揭牌。接下来，中国书协、省市书协各位书法家在部队帐篷内为官兵们现场挥毫，书写赠送书法作品80余幅。启动仪式结束后，省馆和绵竹馆邀请心理学专家为指战员作了“抗震救灾心理防护常识讲座”。这次活动受到装甲旅驻绵竹救灾部队首长及广大指战员的热烈欢迎和一致好评。中央电视台第7套节目和四川卫视以及四川日报、今日绵竹等媒体都作了报道。在部队撤离绵竹前，由周政委亲自带队为绵竹市图书馆送来锦旗“送精神食粮、奏拥军赞歌”。

六

2008年6月22日由绵竹市图书馆提供书架和期刊架10个，图书、期刊近8000册，在遵道为沈阳军区野战医院驻绵竹部队设立了“绵竹市图书馆流动阅览点”，并两次到驻地由我馆李开成、蒋兴康、王伟同志在遵道驻地为野战医院官兵书写赠送书法作品100多幅。此举受到了部队官兵的一致赞扬。

七

绵竹市图书馆馆员谢东同志按照绵竹市委组织部的安排，直接抽调到绵竹剑南镇灾民安置点担任村长，对 2000 多灾民的吃住等工作进行具体负责和管理并担任共享工程放映点和流动阅览点的具体负责人，受到组织部和灾民的好评。谢东同志被评为绵竹市抗震救灾先进个人。

八

图书馆馆员蒋兴康同志灾后创作歌曲《张开大爱的臂膀》、《一路走好》、《绵竹雄起来》，并参加了德阳、绵竹地区对灾民的慰问演出。该同志还专门为沈阳军区野战医院创作《天使》歌曲，并到驻地教唱，使官兵们深受感动。

九

在二炮技术总队绵竹救灾驻地二号立交桥侧边建立流动图书阅览点，定期为他们更换期刊杂志，并根据其需要提供一些资料和书籍供官兵阅读。归建时，他们给我们送来了“情系官兵彰义举、携手并肩共赈灾”的锦旗。

十

文化励志，鱼水情深。2007 年 7 月 14 日上午，在绵竹市图书馆一楼报告厅，驻沈阳军区绵竹野战医院的官兵对绵竹市图书馆在部队建立“绵竹市图书馆 · 驻沈阳军区绵竹野战医院图书分馆”，并运送大量图书、期刊和阅览设备供野战医院使用，以及组织馆内职工为广大官兵书写书法作品和为他们创作并教唱《天使》歌曲等文化系列活动，为表达军民鱼水情谊，他们特地给我们送来了锦旗“文化励志，鱼水情深”，使我们深受感动。绵竹市电视台的记者对此活动进行了采访报道。2008 年 10 月 26 日，国际图联主席克劳迪亚·卢克斯博士到绵竹馆视察工作，先后到大东街社区板房图书室、图书馆临时阅览点和市图书馆受灾馆舍调研视察并与读者交谈，对绵竹馆开展的灾后服务工作给予充分肯定，并邀请馆长李开成参加 2009 年在意大利米兰召开的国际图联年会。

十一

截至 2008 年 10 月 20 日，新建板房书屋 25 个，为灾民服务近 10 万人次，流通图书 15 万余册。

以上各项工作受到了来绵竹视察灾情的文化部周和平、赵维绥副部长、省文化厅郑晓幸厅长、文化共享工程国家管理中心张彦博主任、省图书馆李忠昊馆长等各级领导的赞扬和好评，《中国文化报》多次在头版报道了绵竹市图书馆的信息，中央电视台、南京电视台、华西都市报、今日绵竹等媒体都对此作了采访报道。

地震震不垮绵阳图书馆服务

张尔君　杨海滨(四川省绵阳市图书馆)

公共图书馆,是一个城市精神文明的重要阵地,是传播科技文化的重要途径,是构建和谐社会不可或缺的组成部分。随着社会的不断发展,公共图书馆越来越成为人们公平享受公共文化服务的重要场所和检验标志之一。尤其是在人类和社会面临的自然灾害时,公共图书馆不仅成为社会公众避难场所,更是在维护社会稳定、抚慰灾民心灵中发挥着不可忽视的重要作用。

2008 年 5 月 12 日,一场突如其来的特大地震灾难降临四川大地,灾区的各个公共图书馆不可避免地遭到了重创,馆舍损毁,文献损失,人员伤亡。其中,北川羌族自治县图书馆等被完全毁灭。面对这场灾难,四川公共图书馆却没有退缩,四川图书馆人忍着伤痛,含着泪水,挺起了不屈的脊梁,将公益服务完全融合于抗震救灾之中。地震没有震垮图书馆的服务,地震没有震垮图书馆人的奉献精神。

一、以人为本　关爱每一个生命

在不同领域内,在不同情形下,公共利益是不同的。即使情况相当复杂,公共利益的共性也是明显的。当自然灾害发生之后,公共图书馆以其建筑低、框架牢、绿化面积大等诸多公益特色,馆舍自然成为公众避难场所。“5・12”特大地震发生之后也是如此,灾区的多个公共图书馆都成了临时避震点,这给公共图书馆在抗震救灾中保障避难群众生命安全和卫生防疫工作提出了严峻的挑战。

绵阳也不例外。在“5·12”特大地震发生的当天,绵阳市图书馆的4000平方米绿化带和空旷地短时间内就被约500人的避难群众挤满,市图书馆顾全大局,真心安顿每一个市民。同时迅速组织专人编印了相关抗震、防疫等宣传资料进行免费发放,保证了到图书馆每一个群众最终安全回家。绵阳市占地较大、楼层较低的三台县图书馆、梓潼县图书馆等县级图书馆也不同程度的担负着安顿灾民、关爱灾民的责任。

二、快速反应　及时查勘灾情

公共图书馆,作为一个市民集散地,它的每一个角落的安全都牵挂着人民群众的安全。当灾难发生之际,公共图书馆能否保障来馆市民的安全,并不在于其本身所拥有安全系数的辉煌,更重要的是在于公共图书馆人的意识,在于公共图书馆是否认真履行着自己应尽的义务和责任。

“5·12”特大地震,绵阳市9个公共图书馆中,1个馆被完全毁灭,4个馆的文献、设备完全被损毁,4个馆的馆舍遭受重创,工作人员2死2伤,直接损失超过2000万元。5月13日早8点,绵阳市图书馆绝大多数职工没有顾及安抚家庭的恐慌,不约而同聚集在市图书馆大院,分成几组,在详细查看市图书馆阅览厅、外借厅、电脑、机房、办公楼、书受损情况的同时,还重点查看和预防了市民避震区域所可能出现的安全事故。同时,从5月15日起,市图书馆还陆续组织了对北川县图书馆等7个县级图书馆的人员伤亡情况、馆舍损失情况、图书损毁情况、设备损坏情况进行了实地察看和统计,对受灾的基层图书馆馆员表示慰问,传递兄弟同胞之情,把每一个图书馆的安全当做自己的安全来高度重视。

三、坚守岗位　积极开展阵地服务

在一个城市的发展过程中，发挥公共图书馆公共文化职能作用，为政府排忧解难，体现了党和政府的光辉形象，公共图书馆实际上已经成为市民的生活必须，即使在灾难发生之后，仍然有一些市民渴望读书，在慌乱的氛围中渴望给自己的心灵找一个安静的天地。针对这种现状，一方面保障安全，一方面开展阵地服务是一个公共图书馆必须找到的结合点。

不顾余震的风波，在做好充分的防范措施后，绵阳市图书馆毅然决定从 5 月 14 日起开放一楼的报刊阅览厅、图书外借厅，满足读者的需要。同时，市图书馆积极组织专人，在清理受损文献的同时，还分批次挑选优秀图书、期刊，为陆续建立和开展的绵阳市图书馆流动阅览服务做好了精心准备。

四、流动服务　奔波于灾民安置点

在开展阵地服务的同时，公共图书馆的服务本身就穿插着各种各样的流动服务，这样的服务实际上已经成为公共图书馆服务的重要组成部分。在“5・12”地震大难之后，很多市民渴望回家，但又害怕回家，在地震棚中担心余震的漫长等待中渴望能够找到一些没有恐慌的文化生活。

绵阳各级图书馆没有忽视群众的需要，积极举办帐篷阅览室、街头阅览点、广场阅览点、灾民安置点阅览室、板房阅览室等服务点，为市民开展积极的流动服务。即使是余震还在困扰，即使是唐家山堰塞湖还在高悬，绵阳市图书馆没有顾得上完全安抚自己的伤痕，也不顾交通工具的匮乏，从 6 月 2 日起又积极组织投入了“抗震救灾、重建家园”的文化慰问活动中。及时成立了流动服务队，通过各种形式丰富了安置居民的文化生活，稳定灾民情绪，充分发挥公共文化服务职能。尤其是在6月8日，国务院法定的第一个农历五月初五端午节休假日中，流动服务队没有停止，携带如《语文学习》、《小学生课外阅读》、《成语故事解读》、《中外名著连环画》等适合孩子学习的图书200册，《中外书摘》、《百科知识》、《奥秘》、《爱情婚姻家庭》等适合业余消遣的期刊300册，地震知识防疫常识宣传资料1000份以及全国文献信息资源共享工程绵阳分中心的设备和资源，来到了丰谷镇三社区居民安置点开展流动服务，为自己，更为人民群众，诠释了一个有意义的端午节。

五、关爱少年儿童　用健康有益文化抚慰童心

少儿读者是公共图书馆的一个重要的读者群体，少儿读书活动的开展是公共图书馆服务的一个重要组成部分，是公共图书馆社会教育职能的具体体现。公共图书馆开展少儿工作不仅要拓展以往仅提供少儿图书阅览的传统功能，而且要通过举办各种形式的活动，让图书馆成为少儿交流思想情感，学习各种现代化知识，全方位开阔视野的场所，成为少儿文献信息中心和重要的素质教育基地。尤其，在引导经历百年难遇自然灾害后的少儿读书和学习方面，公共图书馆更应发挥自己重要的教育职能。

在帮助地震中正处在危难关头的绵阳少年儿童，在努力消除他们心中余悸和地震阴影方面，绵阳市图书馆独辟蹊径。5月20日，绵阳市图书馆联合与上海市少儿图书馆、重庆市少儿图书馆启动开展了“我想对你说”小博客网上爱心传递活动，以小博客的形式，通过文字、图片、声音等多种方式，向灾区同学传递爱的信息，进行双向交流，使灾区的少年儿童感受到他们正和全国的少年儿童一起，共同抵御面临的困难。在地震缓缓衰退的后期，上海少年儿童图书馆等公共图书馆有价值的少儿图书分批源源不断的送到绵阳市图书馆，联

合开展的少儿图书借阅服务已经逐渐成为图书馆服务的一个亮点。同时，配合全国文化资源共享工程建设在绵阳的深入，共享工程放映点、板房爱心书屋、志愿者服务、绿色网络服务等多种服务方式让少年儿童感受到了社会的关爱，并知恩图报。

六、大灾有难大爱无疆　助推灾区图书馆重建精神家园

一次大的自然灾害，必然将使公共图书馆赖以生存的图书文献、计算机设备遭受重大损失，图书文献是图书馆服务读者的物质条件，计算机设备是现代图书馆服务的必要载体，失去了条件和载体，图书馆就失去了为读者提供服务的基础和自身生存的条件。尤其在灾后安抚灾民、重建家园的过程中，必须依靠丰富的文献资源和相关的自动化载体为市民提供必需的公共文化服务，这是灾区图书馆义不容辞的责任和义务。

在对全市的公共图书馆受灾情况进行摸底后，绵阳市图书馆得出了一个沉重的结论，全市有近 100 万册图书文献被毁，80% 的电子阅览设备受损，绵阳大多数公共图书馆面临无书可借、无设备可用的困境。为此，市图书馆不等不靠，积极采取自救措施，通过各种办法努力让各图书馆的馆藏得以恢复。民族文献出版社等全国多个出版社以及深圳市、苏州市等多个公共图书馆向绵阳图书馆界捐赠了价值 300 万元的图书和价值数十万的自动化设备，逐步帮助绵阳的图书馆渡过难关，走出困境，服务灾民。同时，由中山大学图书馆馆长陈焕文教授发起倡议、全球 400 余个图书馆、企业、社会团体和个人参与的“图书馆家园”计划也不断地走进绵阳、北川、安县、绵竹、什邡等四川的重灾市县，为受灾的图书馆职工给予了经济支持，让每一个灾区图书馆人感受到了大灾后的大爱。

七、社会帮扶　灾区图书馆将提升服务水平

一次大的灾难，将必然考验一个公共图书馆的生存能力。然而，更严峻的考验是图书馆灾后重建的能力，恢复服务的能力和安抚市民心灵的能力。在我们这样一个充满关爱的国度，无数的团体，无数的个人，都伸出着无数的关爱之手，图书馆人更会在这样的关爱中，去发掘自己的潜能，去开拓创造自己的服务。

历经了“5・12”地震的摇荡和唐家山堰塞湖洗刷后的绵阳市图书馆，积极沟通文化、新闻出版和民政等政府部门，做好了社会各界捐赠的图书文献、自动化设备的接收、分类、储放和督察，并陆续发往7个县级公共图书馆，让图书文献和设施设备及时地在抗震救灾和灾后重建中发挥了积极的作用。同时，绵阳市图书馆还得到了深圳图书情报学会、上海图书馆协会等对人员考察、培训等方面的支持，使图书馆的软硬件水平得到大大提高。随着国家和政府对灾区图书馆的规划重建，随着社会各界对灾区图书馆设备、图书源源不断的捐赠，灾区公共图书馆的馆舍标准、硬件设施都面临着实现跨越发展的历史机遇，灾区图书馆人将无比珍惜无数个生命带来的这样的机遇，不断锻炼图书馆人的意志，灾区图书馆服务水平必将得到跨越式发展。

地震虽然无情，但并不可怕，可怕的是它摧垮我们的意志，挫伤我们的激情。我们没有退缩，公共图书馆的服务从来没退缩。我们相信，经历了这样一个洗礼，在这个时候，每个人都会坚信，自己比以前更加需要图书馆。

地震灾区公共图书馆事业提速发展的大机遇

陈　洋(广元市图书馆)

2008年5月12日,14时28分,一场千年不遇的特大地震灾难在四川境内发生。天崩地裂,山河移位,无数的城镇村庄被摧毁,10万生命被掩埋,这突如其来的灾难,使数千万民众在瞬间失去了美丽的家园。在这残酷的地震灾难面前,伟大的中国人民没有被吓到,在党中央的领导下,全国人民团结一心,众志成城,打响了一场前所未有的"抗震救灾,重建家园"的伟大战役。

在这场艰难困苦的特殊战役中,从党中央书记、国务院总理,到普通的志愿者,不管是奔赴前线抢险救灾的解放军官兵和来自全国各地的救援者,还是在地震灾难中失去了家园和亲人的受灾民众,他们全部表现出了一种万众一心、坚忍不拔、勇往直前、愈摧愈坚的伟大气概,在这场与大自然进行抗争的斗争中,中华民族那种顽强拼搏、不惧危难、永不言败的民族精神彰显无迹,得到了全世界的尊重和敬仰,也正是这种伟大的民族精神贯穿着始终,地震灾区才取得了"抗震救灾,重建家园"的阶段性胜利。

在这场伟大的"抗震救灾,重建家园"的战斗中,各行各业都勇于承担起了自己所承担的责任,做出了可歌可泣的事迹。在地震灾区的各公共图书馆,它们面对灾难,挺起脊梁,勇敢地走在了抗震救灾的第一线;在灾区民众的物质财富被大自然无情摧毁的时刻,公共图书馆利用其工作的独特性,为灾区民众送去了心灵的抚慰,在那艰难困苦的时刻,公共图书馆为灾区民众撑起了一片精神的蓝天。

一、公共图书馆在地震灾难发生后表现出的顽强自救能力

在“5·12”地震发生的第一时间，灾区的绝大部分公共图书馆建筑全部成了危房，有的甚至整体垮塌，灾区图书馆的馆员们不惧余震的危险，置个人安危于不顾，除抢救受伤人员外，全体馆员全部投身于受损文献的抢救中，使公共图书馆的文献损失降到了最低。这次大地震中，灾区公共图书馆在各行业比较中人员伤亡和文献损失相对较小，这与公共图书馆人在震后表现出的积极与超强的自救能力无不相关。

二、公共图书馆在地震灾难发生后为受灾民众提供了文化抚慰

地震发生后，灾区公共图书馆人面对自身所受的打击没有倒下，他们没有忘记一个文化工作者的社会职责。灾区图书馆人在灾难发生后立即投身到抗震救灾中去，利用公共图书馆的工作特色，立即组织了大量的与地震灾害相关知识的图书发放到避震安置点的受灾群众手中，让在地震灾难面前惊慌失措的受灾民众科学地了解地震灾害知识，特别是对那些在地震灾害中失去家园、失去亲人的受灾群众进行心理抚慰。公共图书馆在地震灾害发生后向民众提供的地震知识、灾后心理抚慰知识的图书起到了稳定灾区民心的作用。

三、公共图书馆在灾区所起的精神重建作用

在“5·12”特大地震这一突如其来的灾难面前，受灾民众面对家园和财产的丧失，特别是看到至爱亲朋生命的失去，他们的心灵深处

所遭到的打击是难以言表的，在这样的情况下，任何安慰的语言都显得是多余和苍白的。在这危急时刻，公共图书馆人勇于承担起了社会责任，他们在灾区的受灾群众安置点建立起了“爱心阅览室”，不管是帐篷还是板房，都可以看到公共图书馆人在建立“爱心阅览室”的身影。那些凝聚着人类社会智慧之光的书籍，在这样的非常时刻发挥了独特的作用。

四、公共图书馆开展地震文献收集的一种自觉行为

发生后，全党和全国人民立即投身于伟大的抗震救灾战役之中，在这场战役的初始阶段，官方和民间产生了大量的反映地震灾难和抗震救援的各种文献信息资料。有地震发生的第一现场，惊心动魄、触目惊心，血腥伤痛得让人窒息，同时也产生了大量的可歌可泣、悲壮感人的救援画卷，还同时出现了中国诗歌近50年来的又一次创作高峰。有的文献是应时、应景、应需要而产生，虽然制作简单、数量少，但都极客观地记录了灾难发生和抗震救灾的真实景象。灾区图书馆人所具有的文献意识本能使其立即行动起来，在灾难发生后一边开展抗震救灾活动，一边积极收集各种地震文献，为历史负责。“记忆灾难，珍藏历史，感恩关爱”是绵阳、德阳、广元三地灾区图书馆通过努力收集了大量的地震文献，并在绵阳、德阳、广元和成都举办的“5·12地震文献展读”活动。该活动真实地、全面地记录了这场前所未有的特大地震灾难和伟大的抗震救灾战役，为后人留下了宝贵的文献资料。

五、公共图书馆界在灾难面前的互助行动

“5·12”地震发生后，全国公共图书馆界立即行动起来，以中山大学图书馆首倡的“图书馆家园”援助图书馆人行动立即启动，全国

乃至海外的图书馆界同仁慷慨解囊，捐资捐物，支援灾区图书馆，慰问受灾的图书馆人。国家图书馆、中图学会和其他省、市图书馆纷纷向灾区图书馆伸出援助之手，帮助灾区图书馆共渡难关。体现出了“大灾显大爱”的图书馆精神。

六、灾难中国家对公共图书馆作用的新认识

特大自然灾害对物质家园的摧毁并没有吓倒伟大的中国人民，但家园被毁、失去亲人的伤痛让灾区民众的心灵还是遭受到了前所未有的沉重打击。灾后的家园重建需要一个过程，在这个过程中，灾难的梦魇会时时啃噬着受灾民众的心灵，在这种情况下，人性的关怀就显得尤为重要。国家在这次灾难发生后意识到了这一点，以人为本，从人性关爱出发，党和政府首先考虑到的是文化抚慰和精神重建，文化抚慰和精神重建的一个重要载体就是公共图书馆。因此，在这次灾难发生后，国家调运了大量的图书到灾区，同时还调运了大量的共享工程设备到灾区，仅广元市就先后接受图书多达50多万册、共享工程设备近八百多万元，在灾区建立了大量的“爱心书屋”和共享工程赈灾服务点，这些图书、“爱心书屋”和“赈灾服务点”使灾区民众感到了人性的关怀和精神的力量。公共图书馆在这次灾难中发挥了前所未有的作用，使灾区民众的精神不跨和对未来生活的信念不灭。

七、公共图书馆的灾后重建

“5·12”特大地震给灾区造成的破坏是空前绝后的，仅北川县城就成为一座废墟之城。6个受灾市所属的极重灾区、重灾区和灾区的大部分文化设施被毁，其中灾区公共图书馆几乎全部成为重建对象。通过这场灾难，国家意识到了公共图书馆所具有的独特的社会作用，因此，国家的重建规划中将各地的公共图书馆建设纳入了灾后

重建的重要组成部分。

“5·12”地震灾区过去都属于欠发达和经济文化相对落后的地区，文化设施原本就简陋，灾区各地的公共图书馆建设也滞后于当地经济社会的发展。国家在规划灾区重建项目中也意识到了公共图书馆建设的重要性，于是，灾区各地的公共图书馆重建标准大为提高。以广元市为例，所属县区的8家公共图书馆全部纳入了灾后重建规划，8家公共图书馆的规划设计将全部按高标准来建设新馆，资金来源一律由国家财政解决。8家公共图书馆的建设资金目前的概算超过了亿元，这几乎是建国60年来广元市公共图书馆建设资金总和的5倍，这在过去是不可想象的。

因此，地震虽然是灾难，但同时也是机遇，是灾区公共图书馆事业的一次大发展的机遇。灾区公共图书馆在这场前所未有的特大地震中，以其独有的工作职责和对未来、对社会负责的态度，起到“记录历史，见证灾难，激励人生，感恩关爱”的作用。不久的将来，一座座现代化的公共图书馆将在灾区各地拔地而起，灾区公共图书馆必将成为“5·12”特大地震灾难的实物见证。记住苦难，缅怀那些在灾难中罹难的生命，感恩人生，坚定我们前进的步履，建设美好新世界。

关于地震灾区公共图书馆重建的思考及建议

张尔君　邬　伟(四川绵阳市图书馆)

在今天的信息时代,图书馆面临着难得的机遇和挑战,同样对于西部地区来说,积弱已久的公共图书馆正面临一场变革图新的风暴。“5·12”大地震,山崩地裂,灾区的公共文化设施毁损殆尽,灾区的公共图书馆被迫因自然灾害而重建。随着灾区公共图书馆重建工作逐渐走上日程,图书馆建设已不是简单的恢复重建,它同时承担着西部图书馆进一步创新改革、振兴事业的重任。因此,灾区图书馆的重建需要整个图书馆界的集体发力、共同参与,以重塑灾区公共图书馆的社会新形象。

1　因地制宜,科学规划,重建新型服务阵地

1.1　公共图书馆重建要以成为当地文化地标为基本要求

每个公共图书馆都有收藏地方文化的职能,进而公共图书馆作为当地平民大学的象征,就承载着如何代表地域文化的历史责任。因此,公共图书馆从设计开始,就需要充分考虑各种地域文化元素的表现,从整体到功能设计都需要用文化元素进行调和,要努力成为当地的文化地标。

需要特别指出的是,目前的地震灾区在文化重建的过程中,大都认识到公共文化建筑的城标作用和文化符号作用,但对于公共图书馆的独立性和特殊性认识往往不到位。因此,如何从建筑设计上展现先进与开放的服务理念、展现公正与悲悯的人文精神、展现人类探

索与发展的实践成果,往往因为少数人对图书馆的局限认识而抹杀殆尽,使公共图书馆从设计伊始就有可能成为建筑垃圾的危险。为此,我们急切希望地震灾区公共图书馆重建中广泛吸纳社会的参与,并且把社会参与提升为文化重建的一项制度。

1.2 公共图书馆重建要围绕科学做文章

首先,灾区公共图书馆重建必须坚持以《公共图书馆建设用地标准》和《公共图书馆建设标准》为准绳,充分利用好有限的重建资金,以科学和发展的态度,共同打造现代化的公共图书馆。其次,要紧紧把握抗震、节能和环保这三个科学要素,随时调查,政策让路,鼓励建设单位积极采用有关的新技术、新方法、新系统,让三要素成为新型服务阵地的三大立足点,拱卫图书馆鼎足长立,造福后代。

具体说来,公共图书馆建设面积至少应该达到目前国家一级图书馆所要求的最低标准,比如,市级馆应该在8000平方米以上,县级馆应该在2500平方米以上,更不能低于震前公共图书馆的建筑面积。重建馆内部布局要科学,残障人阅览区、专题文献阅览区、少儿阅览区及基本阅览区和书库等能有序进入,设施齐全;服务台、卫生间、饮水区、电梯口、消防通道标识清楚、设置合理。建筑空间开阔,通道流畅,光线充足,温度适中。

1.3 公共图书馆重建要考虑一定的前瞻性

每一座公共图书馆的修建,都是来之不易的政府工程,因此,重建馆的建设必须建好建够,以对得起后代子孙。首先,重建馆的选址必须要有前瞻性。尽量设在城市的中心区域,或者建在城市广场、中心公园里,让人民群众最方便地享用公共文化权益,以最大限度发挥公共图书馆服务职能。其次,馆舍面积和用地面积要有前瞻性。要考虑绿化空间和发展空间,有条件的尽量扩展建筑空间,以满足未来城市人口的需要;没条件的要在重建馆的设计上预留加宽或加高的空间,至少保证具有满足未来20—30年服务要求进行扩建的基础。再次,建筑的抗灾能力必须具有前瞻性。我们以前的公共图书馆没有公共避灾中心的职能,但是,随着公共图书馆免费服务理念的深入,将吸引越来越多的人到图书馆来,如果重建馆选址更加合理,公共图书馆将当然成为这个城市首选的公共避灾中心。因此,重建馆应具备抗震烈度9度以上、抗洪水浸泡、抗泥石流冲击、抗电磁干扰、循环水系统、自备发电机组等基本抗灾要求。

2 充分利用各种扶持政策,重建长效型服务网络

2.1 依托共享工程,组建适合本地的三级服务网络

作为文化惠民工程,国家加大了文化共享工程在灾区的投入,预计到2010年,全国将基本完成共享工程建设任务,这给了灾区图书馆在网络建设方面一大契机。从硬件上说,公共图书馆在灾后重建中,要紧密依托现有的共享工程网点建设,协调建立统一的自动化管理系统,实现区域公共图书馆自动化服务。从软件上说,我们要通过各支中心的努力与配合,积极扩建乡镇(街道)基层服务点,广泛推广规范化、标准化服务,使之成为各县级图书馆的二级服务网络。同时,积极与当地农村党员干部远程教育工程合作,在他们基本已经覆盖到村的基层教室的基础上配送图书、建立远程终端、提供标准化培训、完善督察机制等,使公共图书馆服务网络真正覆盖到城乡每个角落。

2.2 吸收社会资源,积极尝试总分馆制建设与管理模式

地震灾后重建资源和资金来源庞杂,公共图书馆人要学会资源整合,渠道理顺,主动站出来,积极配合诸如农家书屋工程建设、乡镇文化站建设、中小学校建设、联合国教科文援建项目以及爱心书屋建设等各类文化重建项目,做好这些资源和场地的整合与共享,有意识

地提供专业管理和开展服务活动,从而,充分发挥公共图书馆在公益文化建设领域的龙头作用。

目前,许多文化重建项目最终都面临着无人管理的尴尬局面。当地的公共图书馆都可以用建立分馆的形式行使最终管理权,分担政府的部分职责,提升公共图书馆社会地位,树立公共图书馆正面形象。所以,灾区所有的公共图书馆都要以大文化的心态积极参与文化重建工作。主动协调、指导各类重建项目的落地,敢于承担一定的管理职责,通过各种志愿者组织的合作,积极寻求政府支持,探索建立一批机制灵活、运转流畅的分馆。通过整合,避免了重建资源的浪费,节约人力,提高有限场地和设备的利用率,从而整体推动了地震灾区的重建工作。

3 促进行业互动,创建充满活力的人才队伍

3.1 加强对口帮助,提升整体业务水平

编制少,年龄大,专业人员缺乏,观念保守,这是目前灾区公共图书馆队伍普遍状态。西部公共图书馆本身的落后,除了经济因素以外,与现有工作人员普遍老弱病残的状况是分不开的。公共图书馆服务水平的提升,关键是依靠图书馆馆员的服务能力和基本素质。“图书馆服务所发挥的作用,5%来自图书馆的建筑物,20%来自信息资料,75%来自图书馆员的素质”。因此,在图书馆重建过程中,灾区图书馆急切需要图书馆界的大力支持,通过图书馆之间内部的交流、学习、培训、指导乃至监督与考核,通过智力帮扶,灾区图书馆员的素质将得到极大提高。随着人员素质的提高,将有利于这些图书馆整体业务水平的提高,如果再通过一定的监督机制,做到人尽其用,那么,灾区公共图书馆的服务水平就能够迅速得到焕然一新的改变。

3.2 广泛开展民间交流，吸引志愿者加盟

目前，地震灾区各县级图书馆编制普遍在3—6人之间，许多灾区图书馆除了人员老化以外，人手不足也是制约其发展的又一障碍。而希望政府出台政策，彻底解决编制问题，这涉及整个地区的事业单位体制改革问题，不可测因素太多且远水不解近渴。因此，在近两三年重建时间里，灾区公共图书馆要充分发挥自己公益服务职能，主动创造一些条件，积极同各种社工组织联系与沟通，广泛吸纳社会有志者的参与，以弥补专业工作人员的不足。

此外，作为图书馆界，我们可以将"图书馆志愿者行动"、"图书馆家园计划"以及各种对口援助计划进一步升华，通过各地图书馆学会组织部分图书馆志愿者到灾区开展援建工作，对灾区公共图书馆来说无疑是雪中送炭。图书馆志愿者们的新观念、专业素养和工作热情可以极大地激活地震灾区公共图书馆运行机制，进而培养出一支充满活力、遵循操守的人才队伍。

4 珍惜机会，加快改革，重塑公共图书馆服务理念

在灾后重建的过程中，灾区公共图书馆需要珍惜每一个合作机会，与时间赛跑，加强对外联系，加强馆与馆之间的合作，加强知识服务的力度。从而争取社会理解，争取自我发展空间，争取公共图书馆价值的实现。

4.1 重塑公益服务理念

公共图书馆立世存身之本是其公益服务的理念，由此，公共图书馆才得到社会的重视和飞速发展。由于灾区图书馆所处经济欠发达地区，许多地方官员仍然视公共图书馆为财政包袱，极为轻视公益服

务理念，甚至试图将公共图书馆进行产业化改造，与公益服务理念背道相驰。因此，公共图书馆在灾后重建的过程中，需要大张旗鼓的宣传图书馆公益服务理念，借助媒体和行业学会的力量，包装自己，树立信心，努力将公共图书馆建设与发展提上政府和公众的议事日程，让公益服务理念深入人心。而对于公共图书馆自身来说，关键是要把公益免费服务的理念落到实处，要行动，要服务，要效果；核心要把各类服务门槛降到最低，要平等，要参与，要人心。

4.2 重塑知识服务理念

与图书馆需要重建一样，灾区一切生活和生产设施都处于重建状态，可以说，灾区存在对各方面知识的普遍渴求。这种地震灾区特殊性，给我们图书馆服务工作带来了更多的压力和挑战。它要求我们公共图书馆在全力做好重建工作的同时，还必须付出更多的精力去做好知识服务，或者说要把如何做好知识服务作为重建工作中不可缺少的一部分。具体来讲，就是通过公共图书馆之间的合作，不断完善开展知识服务所需要的设施设备，比如交通工具、共享课件、卫星教室等，同时，积极做好各种公益性的培训、讲座、展览，使图书馆服务职能得到最大化发挥。

4.3 提供灾区发展需要的特色服务

如今，公共图书馆走个性化已经成为行业趋势，因此，图书馆重建不能千篇一律都建造成简单的公众读书中心，需要成为各具特色的读者服务中心。例如，加强地震文献的收集工作，建立门类齐全的地震文献阅览室；提供心情放松服务，建立永久或半永久的心理咨询室；建立设施齐全、面积宽敞的残障人自助阅览室；积极借鉴当地茶馆文化，建立读者私家图书交流和交换中心；等等。

后来者居上，每一个新的公共图书馆建立，都应该是超越其他公共图书馆的起点。如何超越，特色化、个性化是最好的突破口。对于整个公共图书馆界来说，也只有注意特色化服务，才能真正实现公共图书馆间的互联互通、互帮互助、资源共享，最终促使整个社会走上全民共享之路，从而推动公共图书馆事业也走上全面振兴之路。

参考文献

1　中华人民共和国文化部．建标 108—2008 公共图书馆建设标准．北京：中国计划出版社，2008

2　中国城市规划设计研究院．公共图书馆建设用地指标．北京：中国计划出版社，2008(5)

3　国务院抗震救灾总指挥部灾后重建规划组，国家发展和改革委员会，四川省人民政府，住房和城乡建设部．国发〔2008〕31 号 汶川地震灾后恢复重建总体规划．[2009-09-01]．http://www.gov.cn/zwgk/2008-09/23/content_1103686.htm

4　公共图书馆专业委员会编；林祖藻译．公共图书馆服务发展指南．上海：上海科学技术文献出版社，2002

由“多难兴邦”谈灾区图书馆建设

葛　良　赵晓华(中国国家图书馆)

1　序言

“5·12”大地震的余音还在耳边回响。

去年的这个时候,温家宝总理在北川中学高三教室的黑板上,写下了方方正正的四个大字“多难兴邦”。这四个大字沉痛而厚重,坚强而不屈。从《诗经》“夙夜在公”的咏唱到《书经》中“以公灭私,民其允怀”的主张,从“国家兴亡,匹夫有责”到今天的“多难兴邦”,中华民族的文化和精神就这样一代代传承着,发展着。

多难兴邦,大灾也能兴馆。灾后重建,一切都要重新开始。从馆舍的兴建到各种人才的重新培养,从提供简单地借阅服务到提供全方位的服务,再到帮助灾区人民摆脱灾情所带来的心理阴影,开始新的生活,可谓任务艰巨,困难重重。但我坚信,在“多难兴邦”的民族精神鼓舞下,我们图书馆人定能化悲痛为力量,帮助灾区人民重塑新的精神家园!

本文以下将从震后的图书馆及文化系统概况、恢复时期如何开展工作及图书馆事业的重新建设3个方面加以论述。

2　震后的现状

地震带来的灾难是深重的,对位于山区的众多图书馆及文化系统所造成的破坏更是毁灭性的。

2.1　图书馆的震后情况

地震前，汶川县图书馆馆藏图书1万余册，地方文献405种（700多册）；北川图书馆馆藏图书不足3万，古籍善本300余册，北川羌族地方特色书籍600余册。相比于东部发达地区，灾区图书馆普遍存在收藏图书数量稀少的问题。北川、汶川在震区是级别较高的图书馆，其余遭损严重的图书馆则更是书籍寥寥、收藏甚微。作为羌族聚居区，北川县图书馆、汶川县图书馆均藏有大量地方文献，其收录北川羌族自治县地方文献资料、禹羌文献资料、红色文献资料及包括五卷《石泉县志》在内的珍贵资料共计3万余册，这些资源相对独特且珍贵，但此类文献随倒塌的图书馆无一幸免。

除上述两个县级图书馆外，其余馆舍则出现了不同程度的破损。绵阳市图书馆7000平方米大楼大面积墙体拉裂，机房服务器、电子阅览室电脑损坏严重。邛崃市图书馆古籍室内66个古籍书架损毁，整个馆舍出现贯穿性裂痕，涉及面积达1800平方米。彭州市图书馆、梓潼、江油、安县等县图书馆馆舍则出现多处开裂，已属危房。绵竹市图书馆填充墙部分倒塌，雅安市天全县图书馆馆舍裂缝。广安市6个公共图书馆馆舍设施遭受不同程度的损失。雅安地区受灾严重的汉源县、宝兴县图书馆也遭到破坏。据统计，共有2个市级图书馆（广元市、绵阳市）、12个县级图书馆（都江堰市、江油市、什邡市、汶川县等），还包括部分高校图书馆局部坍塌或已成高度危房，无法修复；绵竹市、西南科技大学等图书馆不同程度受损需要加固修复。

从上述情况可以看出，震区的图书馆原本就存在藏书数量不足的问题，而在地震中大量图书馆建筑、设备及藏书又受到了极大的破坏，灾区图书馆行业及系统的恢复将是长期而艰巨的工作。

2.2　文化系统的震后情况

据统计，“5·12”地震中共有5个县文化馆、11个文化信息资源共享工程基层服务点整体垮塌。有 34 个县文化馆、16 个文化信息资源共享工程基层服务点遭到损毁。有 32 个县文化馆、29 个文化信息资源共享工程基层服务点遭到不同程度的破坏。损毁设备近12 000台。损失的巨大令文化系统运转处于半瘫痪状态。

2.3 图书馆人员伤亡情况

灾区图书馆管理人员匮乏、编制不足也是灾区图书馆系统不甚发达的一个表现。雪上加霜的是,在“5·12”地震中,灾区图书馆的馆员有 1 位不幸遇难,10 余人受伤。

从上面一组组数据可以清晰地看出,一场大地震几乎把灾区几代人辛辛苦苦建造的文化事业毁之殆尽,令人心痛万分。

3 恢复时期如何开展工作

3.1 重视灾区人民及图书馆人的需求

地震前,灾区众多的中小图书馆的生存状况并未得到足够的重视,发展速度十分缓慢,现在我们必须重新对这一问题进行审视。在这个特殊时期,必须重视灾区人民及图书馆人当前最迫切的需求。大灾面前的群众,心理会显得尤为脆弱,这就需要我们首先尽快恢复图书馆的借阅工作,提供一批宣扬积极乐观精神的优秀励志书籍来抚慰那些受伤的心灵,鼓励他们坚强面对灾难,开始新的生活。除此之外,还要对灾区图书馆人及其家人进行人道救助,鼓励他们在灾难面前监守职责。

3.2 灾区图书馆人开展自救性活动

让我们欣慰的是,灾区的许多图书馆人在灾后强忍悲痛,已经投入了自救和恢复工作,担负起图书馆人新的使命,通过自己的努力,将图书馆及文化事业在废墟上点亮,带领灾区人民摆脱心灵的阴霾,积极面对生活。

汶川图书馆的员工拆除严重危房的图书馆之前,冒着馆舍随时有可能坍塌的危险,多次进入图书馆将多年积累下来的民族文献、地方文献全部抢了出来并完成了登记。由于汶川地盘小,搭建的过渡房有限,图书馆的临时工作地一直无法解决。在这样的情况下,他们利用微型面包车和有限的报刊,办起了"汶川县图书馆流动阅览室",为灾区群众提供简易的读书环境。

地震发生后,汉源县图书馆全馆职工不等不靠,自觉行动起来,在救灾帐篷来不及调拨的情况下,先是想方设法在县老广场搭建起简易帐篷,把无家可归在凄风苦雨中、度日如年的职工及其家属妥善安置,又冒着生命危险从废墟中抢救出价值 7050 元的图书,搭建起一座座震不垮的"帐篷图书馆"。

类似这样的自救活动数不胜数,绵竹、茂县、广汉、都江堰等市县的图书馆人也早已活动起来,冲在文化服务的前线。我们应向这些图书馆人致以崇高的敬意。在灾后的图书馆重建工作中,也应充分认识并发挥他们不可替代的作用。

3.3 积极为读者服务

图书馆在地震中损失殆尽,但在这个特殊的时期,我们必须依靠灵活的方式,在小范围内提供服务,利用捐赠得来的图书,建立各种形式的图书馆,如流动阅览室、志愿者图书室、爱心书屋等简单实用的临时措施和尽快恢复文化共享工程等。

建立流动阅览室服务:利用仅有的图书,包括各方机构、省图书馆及兄弟图书馆捐赠来的图书,在简易帐篷里、活动房内搭建图书室,提供读者阅读及交流的空间。如果有人力物力,可以把志愿者及爱心人士捐赠的图书建立单独的志愿者图书室,因为这些捐赠的图书更易于老百姓接受,更能拉近灾民和大众的距离。

恢复文化共享工程服务,恢复建立分中心:由于共享工程的特殊性，可以利用现有的资金或捐助的设备，联入共享工程网络。另外，此种服务恢复的时间快，信息资源、数据量庞大，故可考虑首先恢复建立。据调查，目前已有多个地区恢复了共享工程的使用。

3.4 为灾区人民提供各种救助措施

现阶段，作为图书馆人，我们可以做如下的事情：

积极主动地投入到灾后重建工作中去，配合援建单位和主管部门做好新馆建设的前期准备工作。

利用现有资源、场地，努力将阅览工作开展起来，在当前建设群众灾后新家园的同时努力建设群众的精神家园，通过共享工程网络丰富群众的精神生活，使受灾群众有更多的了解信息的渠道。

对受灾群众进行心理救助，帮助受灾群众恢复自我调节能力，减少心理疾患的发生。

抓住对口支援和国家对受灾地区援助的契机，分期分批分阶段对现有职工进行业务培训、轮训，提高职工的思想素质和业务素质。

努力恢复信息服务工作，为各级部门、各族群众灾后重建提供各方面的参考。

3.5 资源重建的开启

对于重点收藏的资源，必须及时进行购置及补充，以对在地震中毁掉的此类资源进行最大限度的弥补。可以通过在全国范围内发出号召，通过复制、影印、受赠等形式进行收集及补藏。

羌族文化的收集：北川羌族自治县图书馆于 2008 年 7 月已经开始向全国发出公开信，征集流传在外的地方文献、禹羌资料等。保护好羌族文化遗产是重建工作的一大重任。

其他相关文化的收集：北川是治水英雄大禹的故里、四川古人类发祥地和红军长征途经地，除留有羌民族的传统文化外，乡村及民俗文化、大禹文化、古人类遗址文化以及红军文化等均是其所属。目前，针对此类相关文化，也可通过各种渠道进行相应的收集及保存工作。

地方文献的研究及恢复工作：目前，除通过各种渠道丰富当地民族文献、地方文献的馆藏外，还需要去搜集羌族人自己编写、出版的图书资料，特别是涉及羌族研究的文献，在此基础上，对于收集的内容和收集中汇总的有用信息进行研究，深层次挖掘该类地方文献的内容和价值，使其作为宝贵资料传承下去。

4 地震后期图书馆事业重建引发的几点思考

4.1 捐助活动的开展

地震发生后，各类援助项目及活动频频开展。如重庆大学图书馆，它们在获悉北川图书馆馆长李春被埋75小时后成功获救的消息后，第一时间启动了重庆大学"北川县图书馆重建项目"；程焕文（广东图书馆学会理事长）、史超（超星数字图书馆公司董事长）召集了援助图书馆人计划，援助那些在地震中遇难、受伤、无家可归、失去亲属的图书馆人。时至今日，在汶川时间走过一周年之后，各类援助活动仍源源不断。捐助的图书、资金及共享工程设备、放映设备、网络设备等均陆续到位，并为建设人员及灾区民众带去了很多快乐。2009年5月12日的这一天，很多电视台把镜头重新对准了四川，很多机关、学校、书店开展了募捐、义卖、展览等活动，感人至深。对于图书捐赠，笔者认为有如下几点需要考虑。

临时书库的建立：由于捐赠图书数量巨大，对于容量有限的临时安放点，不可能将图书全部摆放进去，而且书籍的管理（登记、编目等）也是一件不小的工作。因此必须考虑临时书库的建立，以缓冲如此大量的图书。

网络书库的建立：目前，捐赠的图书存在副本过多，同类型的书目、杂志也很多的情况，针对这种情况，希望由一方牵头，建立捐赠图书的网络数据库。同时建议捐书的同志可以通过网站来进行检索，以避免同一书籍的过多重复捐赠。

捐书重点类目：想灾区人民所想，集灾民需要的书籍。倡议捐书人员尽量捐赠灾区人民最需要的图书，切不可为捐书而捐书，占用地方不说，没有利用价值的图书会给灾区工作人员带来更多的麻烦。目前需要的书籍类目包括少儿类图书；科普、自然科学类图书；法律、教育、艺术、历史、地理类图书；医药、卫生类图书；农业科学、农业经济类图书；综合性图书等（合订本杂志、期刊类）。

捐赠书籍的统筹调拨：目前，对口捐赠的图书比例较多，有些图书馆已经受捐赠了大量的图书，但有些规模小的图书馆，受赠的图书有限。建议所有捐赠图书有统一归口，让捐赠单位可以一目了然的知晓目前各个单位受捐情况。通过此法，可使图书更合理的送到需要的地方去。

持续援助的问题：捐赠切不可当做一时的事情，灾区重建和恢复至少是三五年的事情，因此需要让关怀持续不断的传达到灾民及图书馆人手中。在宣传力度和政策制定上，也必须让人们持续的关注我们的灾区和四川的图书馆事业。

4.2 图书馆的重建

安全问题：地震过后，“将学校建成最安全的地方”、“将学校建成避难场所”等呼声纷纷响起。图书馆作为人员密集区域，同样也需要建成最安全的地方。现代图书馆的大开间，大玻窗设计在一定程度上限制了图书馆抗震的等级。在进行新馆建设时，必须从设计开始，对抗震有一定的考虑，同时严把质量关，控制好建设速度与质量的关系。再次，考虑特殊的抗震防护措施来对建筑本身进行保护。

合理规划：在图书馆重建过程中，大量的新图书馆将重新开建，这将是一项非常大的工程，国家对于整体建设要严格把控，既要满足当地的需要，又要避免过度建设，浪费钱财。根据 2008 年 9 月国务院关于印发汶川地震灾后恢复重建总体规划的通知，在公共文化设施方面，计划重建图书馆 52 个、文化馆 54 个和全国文化信息资源共享工程服务县级分中心、基层点等。

人才重建：图书馆的重新建设离不开人本建设。在震区，图书馆人才相对薄弱，能力有限，在建设恢复期，对图书馆人的素质要求相对较高，既要满足传统的业务服务能力，同时在新建、规划、决策中还要起到重要作用，对于很多共享工程和新设备（如网络设备等）的使用要有一定的把握能力，人才的建设是摆在图书馆人面前的一个非常现实的问题，同时也是很紧要的问题，可以考虑通过援助、培训等方式来培养当地的图书馆人。

4.3 地震相关资料的收集

汶川地震之后，产生了一大批以地震为题材的著作，包括防震减灾等内容的书籍，还有大量的抗震救灾的重要文件、图片、音像资料以及民间艺人自编的散诗、文稿等。目前，这些资料相对分散，可以考虑通过建立专藏的形式，作为永久保存资料收藏于图书馆中，为今后的利用与研究之用。

4.4 加大送书下乡力度

图书馆往往建于人口相对集中且密集的区域，如市、县，但对于更基层的乡镇，同样会有大量的阅读需求，我们必须给予他们更多的考虑，毕竟在现在看来，他们是相对的弱势群体。国家地方均有图书下乡政策，我们可以利用此政策，加大送书下乡的力度，让更多的书籍和资源传达到他们手中。由于灾区大部分是山地，交通不便，出行不便，困难相对较多，这也给当地的图书馆人提出了一道难题。

4.5 对口支援

目前在灾区建设上，国家已经利用对口支援的形式，使困难的地区得到了富裕地区的支援。图书馆事业也可借鉴此法，对于文化及图书馆事业相对繁华的区域，重点扶持受灾程度较深的图书馆及文化部门，通过赠送、培训、交流等形式使灾区的图书馆得到一定的支持。

5 结束语

此刻，在经历过那场让我们哀恸万分的国难后的今天，我们图书馆人身上又多了一份使命，那就是帮助灾区人民建设起一座座震不垮的图书馆。我想我们有责任贡献出自己的微薄之力，为灾区图书馆的建设添砖加瓦。故此，我参加了这次“不朽的图书馆精神：汶川地震与家园重建”的主题征文，也希望以上的浅见能对正在进行中的重建工作有所裨益。

多难兴邦，图书馆事业的明天更美好。

参考文献

1 程焕文. 汶川地震灾区图书馆和图书馆员近况. [2009－05－20]. http://www.danganj.net/bbs/viewthread.php? tid=6401

2 蒲公英义工社. 支援汶川大地震灾区图书馆重建倡议书. [2009－05－24]. http://blog.sina.com.cn/s/blog_4f5147a601009nyq.htm

3 程焕文. 图书馆家园：援助图书馆人计划. [2009－05－25]. http://blog.sina.com.cn/s/blog_4978019f01009bcl.htm

4 陈康. 四川汶川县图书馆12年义务送书下乡. [2009－05－30]. http://www.ccdy.cn/pubnews/511024/20080309/537652.htm

四川受灾图书馆震后重建生态图书馆规划设想

杨克香(大连大学图书馆)

四川省部分图书馆、档案馆在去年的“5·12”地震中受灾严重。而北川羌族自治县图书馆和档案馆受灾最为严重，馆舍毁灭，损失地方文献、禹羌文献、红色文献资料3万余册，其中包括记录了羌族1700多年发展史的珍贵古籍——500多页的“孤本”《石泉县志》。

从受损情况中可以看出各图书馆在受灾前就存在着不少问题，如文献保护设施欠缺，文献抢救人员和技术缺乏，图书馆建筑与社会公共设施的配套程度差等。由于当地没有具备文献抢救技能的专业人员和技术设备，以至于眼看大量古籍、档案霉变和腐烂而束手无策。

目前，灾后重建工作正在如火如荼地展开，众多图书馆和社会群众已向灾区捐赠价值超百万元的图书，早前由各种公益基金会和新闻出版局等单位出资资助的“帐篷图书室”，“爱心农家书屋”等活动已开展的很有成效。但这些都只能是短期应急之策，重建一个新的图书馆才是长久之计。重建应当针对各图书馆的原有问题，以重建为契机，使原有问题得到根本解决。

1 不同国家、地区的公共图书馆灾后重建策略

日本在1995年阪神地震后，以“生态城”理念为指导，统一规划了学校、图书馆、公园等公共场所作为公共避灾中心，规定以最高安全规格建造，并配以储水、储食等设施。

美国新奥尔良市在2005年飓风后,进行了整体城市重建规划,将图书馆定位在“知识枢纽和信息中心”的城市“生态位”上,选址于新市区的中心位置,并以阶梯金字塔式的建筑形式实现高位防洪和坚固防震。

我国台湾省在1999年“9·21”地震之后的公共图书馆重建工作以“社会各界配合与协助”的“生态化方式”进行,强调图书馆的未来潜力发挥与环境适应,力图结合社会其他领域资源,共同满足公众文化需求。

我们国家在灾后重建工作中始终坚持优先安排文化设施的重建,并提高建筑质量和抗震设防标准。国务院在汶川震后发布《汶川地震灾后恢复重建条例》。条例规定,图书馆等人员密集的公共服务设施,应当按照高于当地房屋建筑的抗震设防要求进行设计,增强抗震设防能力。恢复重建不能是简单复制过去,应该是更高起点的建设、更高水平的发展,必须经得起实践和历史的检验。要充分体现“提升”的要求,在废墟上建更美的家园。条例还规定,震灾后恢复重建应当坚持“以人为本 + 科学规划 + 统筹兼顾 + 分步实施 + 自力更生 + 国家支持 + 社会帮扶”的方针。在“科学规划、统筹兼顾”的大前提下,重建“生态图书馆”具备了可行性。

2 重建生态图书馆规划的内容

2.1 在自然生态环境中设计图书馆

生态图书馆重建设计应当尊重自然,追求人、图书馆建筑与自然的和谐统一。内容应包括:探讨图书馆建筑风格如何配合当地自然山水的地理、地貌特征,与之相映成趣;如何让图书馆建筑体现当地历史传统和民俗风情,使之成为文化象征和代言;怎样利用建筑的几何特征和色彩方案营造阅读氛围、适应读者阅读心理;怎样建设优选、节能、环保的“绿色图书馆”(例如,怎样利用太阳能、充分自然采光、循环使用自然水源等)。在建设中尽量注意保护土地和植被,尊重地形地貌和建筑地域的生态环境,并与环境形成自然协调关系,对自然资源采取少废多用,包括节约土地、能源和材料的选择,贯彻减少使用、重复使用、循环使用和可再生资源替代不可再生资源等原则。

2.2 在人文生态体系中规划图书馆

地震灾害暴露出受灾地区脆弱的文化生态。受灾的这些地区大多历史悠久、文化资源富集,但文化资源建设的安全性差,致使文献资源损毁严重且无法修复。国家文化部印发了《公共文化设施灾后重建规划指导意见》,要求各级文化部门与地方政府和有关部门加强沟通,将图书馆、博物馆等公共文化设施建设纳入当地灾后恢复重建总体规划,特别指出要保护文化遗产和民族文化特色,重建灾区人民的精神家园。重建生态图书馆应当在《意见》的指导下,分析灾区原有的文化生态薄弱环节,针对问题提出措施,包括如何设计图书馆、档案馆、博物馆等机构间的分工合作,统筹规划专门的人、财、物力,建立专门的制度、机构和设施对珍贵文献资源进行集中的、有效的保护;如何突破老"三论"(控制论、系统论、信息论),以生态学及生态工程的全新思路,研究和计算能满足当地广大读者文化信息需求的合理馆藏水平;如何调动全社会力量重建本土特色馆藏资源(如北川县图书馆已通过"中华人民共和国人民政府网站"向全国征集禹羌文献);如何建立灾备制度保护文化生态,包括编制各级应急预案、定期培训文献抢救和修复技术人员等。

2.3 在社会生态结构中重建图书馆

社会生态结构是政治、经济、文化等各种元素在有限地理空间相互交织的网络结构,是具有自己组织、自动演进机制的复杂有机体。图书馆在社会生态结构中承担着文明存储职能、知识服务职能、公众教育职能，经常被用作各类展览和讲座的场所。重建策略的研究内容应当包括：如何避免图书馆孤立于外部环境，进行图书馆科学选址，实现交通便利，便于公众访问；如何系统化地设计安全指示标识体系、应急疏散通道和照明设施，以保障公共安全；如何与社会公共安全资源整合，如图书馆建筑面向广场、水池等开阔设施、临近消防队等公共安全机构等。

2.4 在公共文化服务体系中定位图书馆

公共图书馆可充分利用其在文化存储、加工、传播中的优势，将自身定位为公共文化服务体系中文化消费者获取文化产品与服务的重要门户。公共图书馆作为一个文化的宝库、知识的殿堂，为读者进入其中获取信息、知识、文化敞开了大门，应成为保障公民获取文化权利的基础性公共设施。重建后的生态图书馆应在公共文化服务生态体系中占有重要的地位，利用重建的契机，确定自己的优势地位，整合公共文化服务体系的其他部门，更好地实现图书馆公共文化服务职能。这需要作为文化责任主体的政府相关管理部门正确行使宏观管理职能，从技术、政策和资金三方面来创造良好的文化生态环境，使重建后的四川省公共文化体系在良性耦合中呈现出全新的整体效应。

3 重建生态图书馆的主要途径

3.1 政策解析

整理并解析相关国际、国内相关标准，并将之融入重建方案的设计中，以确保方案的合理性、合法性、科学性和安全性。

3.2 实地调研

以绵阳市及其下属受灾各县图书馆为重点，对灾区图书馆原有建设情况、灾后受损情况、社会各界对图书馆的重建预期等内容进行实地调研，为课题研究和重建设计提供基础素材。以实地调研结果为客观依据，确定课题研究和重建设计的各类要素及其主次顺序，合理进行权重设置和数学期望计算，使本课题研究重点明确、层次清晰、步骤科学、来源于实际、应用于实际。

3.3 多学科综合

以文献调研方式收集和利用多学科资料和数据，通过文理渗透、学科交叉，为综合研究和设计重建方案提供支持。具体包括：收集和分析地质背景、日照、降雨、地貌特色等资料，为设计融入自然、节能、环保的“绿色图书馆”提供支持；收集和利用政治、经济、历史、文化、民俗等方面资料，保障新图书馆具备更鲜明的地域特色和人文代表性；收集和利用国际、国内先进的图书馆学理念和方法，从建筑规划、文献资源组织、制度建设等方面进行建设“生态图书馆”的综合设计，完善其社会职能。

4 重建生态图书馆的意义

重建生态图书馆将在重建中根本解决受灾图书馆的原有问题；将指导四川省各级公共图书馆重新合理配置文献资源，做到重点突出、特色鲜明、完整而不重复，为构建“全国文化协作系统工程”做好资源建设工作；将为保存当地文化记忆提供可持续发展的基础；将通过统筹规划与当地其他相关机构（档案案、博物案、文化馆）分工协作，更好地实现图书馆公共文化服务职能；将为新兴的“生态图书馆学”提供实证性探索的机会，为其发展和充实作出贡献；将使“生态图书馆”作为当地的“文化坐标”和“文化代言符号”，配合当地的旅游、教育和文娱事业的发展。

灾后的图书馆重建不应该只是简单地再造一座建筑物，或机械地再堆积各种渠道获取来的图书，重建工作的研究和设计应当在“科学规划、统筹兼顾”的视野下，以生态化的思维方式，配合其他相关部门和项目，在和谐与协同中实现当地图书馆场景的再造和优化、文献资源的重组和合理配置、文化服务功能的恢复和提升。

生态图书馆是一种适应时代发展需求的全新的图书馆理念，其内涵决定了它具有强大的生命力。在当今时代，图书馆生态化将成为图书馆可持续发展的必然选择。逐步走向生态化，建立起符合生态规律的新型图书馆系统，营造民主和谐、兼收并蓄的图书馆文化，构建自然环境优美、人文环境和谐的生态图书馆，是四川受灾图书馆重建的理想选择。

参考文献

1 柯平，詹越. 基于群落生态原理的公共文化服务体系中公共图书馆定位研究. 图书馆论坛，2008（6）

2 吴力武. 节能环保与图书馆生态建设研究. 图书馆界，2008（2）

3 魏书娟. 汶川地震后图书馆的恢复重建与职能发挥. 防灾科技学院学报，2009（1）

4 中华人民共和国国务院. 汶川地震灾后恢复重建条例.［2009－09－01］. http://www.gov.cn/zwgk/2008－06/09/content_1010710.htm

略论图书馆在重建精神家园的作用

黄黎嘉(四川广元市图书馆)

精神家园的重建就是医治心灵创伤,重树精神支撑,重汇精神动力,丰富精神生活,加强心灵干预,是灾区面临的一项紧迫的任务。《国家汶川地震灾后恢复重建总体规划》把灾区人们心理康复和民族精神确定为重建精神家园的重点工作。结合重建灾区的实际情况,本文就图书馆在精神家园重建,提出以下面临的问题和对策。

1 重建精神家园的内涵及目标

1.1 重建精神家园的内涵

广义上讲,精神家园是指人们精神生活,精神动力和精神信仰的总和。狭义上讲,精神家园是指人们的精神生活条件,包括人生价值,心理机制,思维方式等个体精神生成条件和家庭亲情、社区人文,民族清福等群体精神涵养条件两个方面。精神家园就是个体精神之"家"与群体精神之"园"相互生成,相互融通,相互激发而构成的人类精神动力之源。作为个体来说,有了精神家园的支撑,人们就有了安全感,温馨感和幸福感,人们对生活才充满希望;失去精神家园,人们就会感到精神空虚,不知所措,甚至走向极端,心灵发生扭曲变形,这时,重建物质家园的意义就难显现。

1.2 重建精神家园的目标

(1)重建心理救援机制。在震后重建,往往是一个漫长的过程,心理重建必须摆在重要位置，图书馆要利用文献资源，要组织实施心理康复工程，采取多种心理干预措施，医治灾后群众心灵创伤，实施心理强化工程，形成“逝者安息，生者前行”，“大爱、大义、大勇”，“自强、自立、自救”的群体共识；实施心理疏导工程，宣传不良情绪的化解方法，提升自我调节能力，促进身心健康。

(2)重建邻里亲情。促进残破家庭的修复或调整。各级文明委继续开展创建文明社区，文明家庭，文明市民的创建活动，形成人文关怀，亲情对个人滋养的局面，宣传党的政策加强对“三孤”人员救助营造关爱孤残的和谐社会氛围，发扬人道主义救援精神，把关怀之情切实到对“三孤”人员救助的行动中。加强对社团机构的恢复，发挥社团组织反映民意，发展民生，维护民权，稳定民心的重要作用。

(3)提升民族精神。自汶川大地震发生后，短时间内民族精神聚升华，创造了人类救灾史上的伟大人间奇迹，锻造了“万众一心，众志成城，不畏艰险，百折不挠，以人为本，尊重科学”的伟大抗震救灾精神和“更高、更快、更强”的伟大奥运精神。这是中华民族伟大精神在当代中国集中体现和崭新诠释，这是以人为本，尊重人权的一次集中，完整，浓缩的展现，这是落实科学发展观的伟大动力。在进行灾后精神家园重建的过程中，各级公共图书馆要及时，充分，持续运用这一伟大的鲜活人文资源，推进社会主义核心价值体系的建设，强力推进体现抗震救灾伟大民族精神的文化建设工程，推进传承抗震救灾伟大民族精神的思想教育工程。使精神家园的重建与物质家园的重建和谐匹配。

2 在重建精神家园过程中存在的问题

汶川大地震已过去半年了，由于在中国共产党的坚强领导，各级党委政府靠前指挥，树立全国上下一盘棋各路救灾人员迅速集结灾区，积极开展救援活动，抢救被埋人员 2.7 万余人，解救被困群众 140

万余人,安置受灾群众800万余人;救治伤员和群众133余万人。政府救济和各类安慰而达到受灾群众的100%,重灾区1986.7万群众从绝望中重到了希望,从被救走向自救,从悲伤走向感恩,创造了一个又一个人间奇迹,留下了许多感人至深的历史记忆。

但是由于抗震救灾的工作重点转程,由“救灾”转变为“重建”之时,应当清醒认识和预见到与物质家园重建相比较,精神家园的重建任重道远。还将面临许多难以想象的问题。

2.1 悲痛心理的反复性

到9月28日,因汶川地震遇难已达到69 227人,失踪17 923人,按平均每个死者尚存直系亲属5人,旁系亲属10人计算总数将至40至80万人。重情亲,恩故人是中华民族的传统习惯,可以想象多数死者的家属短时间难以走出阴影,其心理可能导致自责,内疚,绝望和郁闷,还有可能走向极端。

2.2 伤残与“无孤”人员的无助心理具有长期性

到目前为止,地震受伤人员374 638人,其中致残5万人左右;新产生孤儿588人,孤老857人,孤残1506人。他们将长期面对比正常人更多的生活,身体、身心工作的困难,而且面临困难的敏感度较高,将产生自卑、失望、绝望心理,还可能产生非理性行为。

2.3 亲历地震灾情人员的心理恐惧具有致病性

汶川大地震,有重灾区51个县(市)区,1271个镇有1986.7万多人亲身经历那种恐惧场面,而至今余震不断,受伤的心灵短时间难以恢复。地震对每个亲历者甚至包括救灾人员的知识,情感,意志三大心理机制,产生了前所未有的强烈刺激。这种刺激导致心理疾病,心理失衡较为普遍。可以预测,地震恐惧心理将伴随亲历人员终身。如果不有效地进行心理安慰和疏导以及心理调节,将阻碍灾后重建各项工作,“地震综合征”将反复发生和传染。

3 重建精神家园的对策和措施

在灾后重建精神家园的过程中,要面临许多隐性难题,精神家园的重建既要提上重要议事日程,更要稳步推进;既要安慰受灾群体破碎的心灵,还要以人为本。因此,应当因地制宜,制定精神家园重建立规划,完成重建目标。

3.1 组建心理干预体系,安慰受伤的心灵

各级党委、政府以及社团,慈善机构要根据灾区重建精神家园的实际,组建心理治疗体系,各级医院和心理学研究机构要长期开设免费心理门诊。各级各类学校、幼儿园,要开设心理疏导。各级公共图书馆要利用丰富的馆藏,广泛开展震后心理干预公益性讲座,向受灾群体传播科学知识,增强战胜困难的信心。群团系统、行业协会,非政府组织要发挥桥梁和纽带作用,对受灾群众实行长期关爱。民政系统要妥善安置“三孤、三无”人员,将“三孤”,“三无”人员纳入社会救助范围,减低“触景生情”的现象。

3.2 文化安民暖人心,精神生活更丰富

各级各类媒体要快速、准确、客观、充分地传递抗震救灾、灾后重建的导向健康心理的动态信息,支撑灾区群众的正确判断和行为。宣传文化部门要积极开展文化安民的活动,各级图书馆,文化馆,乡镇文化站要开展各类公益性文化活动,在灾民集中安置点建立共享工程,电影放映,阅览室等板房文化活动室,开展丰富多彩的文化体育活动。截至目前统计,我市各级公共图书馆已建板房阅览室130余个,放映公益性电影上万场次,大型广场文化活动上百次,开展各类心理辅导和重建精神家园讲座50余座,建立板房共享工程接收站

149 个,通过开展多彩的文体活动,极大地丰富了受灾群众的文化生活,增强了他们战胜困难,重建精神家园的信心,以丰富的精神文化生活促进了受灾群众心理的淡化、转化、消解和升华。

3.3 以我为主,重建精神家园

重建精神家园的心理救援不能只靠外界,要通内因,重塑自信心。我市青川县一位受灾残疾人书写两条标语"出自己的力,流自己的汗,自己的事情自己干,有手有脚有条命,天大的困难能战胜",得到温家宝同志的肯定。要树立先进典型,宣传抗震救灾和灾后重建的好人好事,继续开展"自力更生,艰苦奋斗,团结互助,众志成城"的抗震救灾精神实质的宣传和培育,积极开展感恩活动,建议四川把"5・19"确定为"感恩日",培育关爱生命,心理健康,热爱祖国,自强不息的优秀公民。

总之,在灾后重建中,必须把精神家园重建列在首位,必须大力弘扬伟大的抗震救灾精神,增强民族凝聚力,必须坚持自力更生,艰苦奋斗的精神,增强重建精神家园的信心和力量。只要有这种信心和力量,我们就一定能够树立起重建精神家园的决心。这种精神家园,足可以让死者安详离去,让生者从容坚强。

参考文献

1 国务院抗震救灾总指挥部灾后重建规划组,国家发展和改革委员会,四川省人民政府,住房和城乡建设部. 国发〔2008〕31 号 汶川地震灾后恢复重建总体规划. [2009-09-01]. http://www.gov.cn/zwgk/2008-09/23/content_1103686.htm

2 台湾开拓文教基金会. 灾后心理自助——情绪疗愈指南. 成都:天地出版社,2008

四川灾区公共图书馆服务
残疾人彰显人文关怀

姚奇志(株洲市图书馆)

2008年5月12日历史将永远铭记这个坐标:北纬31度,东经103.4度,一场强震撼动中国,数万生命顷刻陨落。汶川,血泪之地,生民之痛,家国之殇。地震过后,许多从废墟里被救出的伤者发现自己身上的残缺,已让自己划归到残疾人这个群体,今后的人生之路,注定要比正常人走得更为艰辛和沉重。据当时《信息时报》的记者报道,当那一瞬间的惊心动魄成为过去,生活重归平淡时,许多灾区的幸存者将不得不适应"残疾人"这个新的角色,由于他们的残疾人生才刚刚开始,面临着诸多现实问题,心态难以调整过来,如何面对周围人好奇的眼光,寻找自己的人生定位,需要一个漫长的心理调适过程。

泱泱中华民族,每个公民都是国家的主人,失去任何一个生命,都是国家的损失,民族的哀伤。汶川地震,惊恸全国,惊悚世界!其重创生命之剧,危害程度之烈,堪为人类历史上的劫难。汶川之难,举国同悲;锥心之痛,情何以堪!大震中的遇难者,是我们的骨肉同胞,也是鲜红国旗的一部分。作为从事公共图书馆事业的灾区文化工作者,无不为之动容。他们充分发挥精神文化阵地的先导作用,从帮助灾区残疾人入手,将这个特定的弱势群体平等地融入当地的信息活动中,满足他们强烈渴望通过获取知识和技能而重新走向社会的信息需求,关注并帮助他们提升信息素质和增强综合竞争力,让党和政府的人文关怀体现在生活的方方面面。

1　四川灾区残疾人的现状

残疾人是社会中最困难的特殊群体，自有人类就有残疾人，残疾是人类发展进程中不可避免要付出的一种社会代价。2008 年“5·12”大地震造成 5 万—6 万人致残。四川省目前有残疾人 622.3 万，占全省总人口的 7.57%，其中 70% 以上有康复需求，因地震又新增一定数量的残疾人。他们面临着康复治疗缺失，生计困难重重，经济收入难以保障等各种挑战。如何为灾区残疾人创造更加优良的生活环境，对残疾人这个特殊的、困难的群体提供力所能及的帮助，是社会文明进步的标志，它饱含着人道主义真情和爱心的每一份捐赠。它不仅可以为残疾人解决实实在在的问题，更使他们感受到社会的温暖，让他们今后的人生充满希望，每一位残疾人迫切希望政府部门能提供各种方便快捷的服务帮助他们战胜灾害，重新站在生活的舞台上，继续开创自己美好的生活。

2　灾区公共图书馆应按国家法规努力为残疾人服务

社会主义和谐社会的构建是以实现全体人民的富裕、幸福为建设的根本目的的，必须尊重残疾人的公民权利和人格尊严，保护他们不受侵害，使他们有平等的权利、地位和机会参与社会生活和国家建设，共享改革开放的丰硕成果。我国的《残疾人保障法》明确规定：“国家和社会鼓励、帮助残疾人参加各种文化、体育、娱乐活动，努力满足残疾人精神文化生活的需要；组织和扶持盲文读物、聋人读物、弱智人读物的编写和出版；公共服务机构应当为残疾人提供优先服务和辅导性服务。”四川省人民政府灾后积极倡导公共文化机构主动为残疾人服务，号召省、市图书馆加大经费投入力度，在有条件的公共图书馆逐步提供盲文及有声读物借阅,不断为残疾人提供特别辅助和优惠,让残疾人感受公共文化设施的惠民服务,充分利用书刊资料和不断创新服务手段,无偿的、优先的向灾区的残疾人架起通向知识宝库的桥梁。

3 灾区公共图书馆为残疾人上门服务凸显人文关怀

目前灾区的各大公共图书馆都在千方百计创造条件,在服务项目安排、人员素质培养、用户培训等方面充分考虑残疾人的需要,各公共图书馆将残疾人列为本馆的特殊服务对象,一切从不能享受常规服务的残疾人着手,通过提供盲文版各类图书及有声读物供盲人读者借阅,配备盲人专用计算机供他们上网,并且还在阅览室设立残疾人坐席,大门和楼梯间开设残疾人专用通道,各馆的流动送书车定期为灾区的残疾人安置点提供送书上门服务,这些便利的借阅条件无偿的、优先的向所有残疾人伸出热情的双手。

4 灾区公共图书馆要加强对残疾人服务的广度和深度

虽然四川省各地的公共图书馆都在实践中为残疾人做了不少工作,但由于受灾各地的经济状况、地理环境和人员素质不同,因此此项工作的开展呈现出不平衡的局面。要加强灾区公共图书馆对残疾人服务的广度和深度,还需要做好以下工作。

4.1 与灾区当地的残联组织加强合作

受灾地区的残联是代表残疾人利益,为残疾人服务的政府机构,他们对当地残疾人的生活、就业、教育、文化需求等方面的现状了如指掌。公共图书馆可与当地残联联系，通过采用调查表或选择有代表性的街道、学校、乡镇进行实地调查和走访，根据属地残疾人人体结构上不同的缺陷分门别类，摸清现状，然后有的放矢的为残疾人提供服务。在2009年的5月份的第3个星期日——“全国助残日”里，公共图书馆将利用书刊文献、图片展览等形式走上街头，宣传为残疾人服务的意义，对过去热心为残疾人服务的好人好事给予表彰和鼓励，从而带动全社会更多的人来关注、支持灾区残疾人事业的发展，使党和政府带给灾区人民的人文关怀工作产生更广泛和深远的影响。

4.2 设立残疾人阅览室体现人文关怀

世界上很多发达国家的各类型图书馆在为残疾人服务方面的设施先进、周到、便利。他们对残疾人群体开展“量身定做”的用户教育。如在克罗地亚的里吉加，公共图书馆在社区里组织学习班，为残疾朋友介绍因特网的使用；在南非，学校和公共图书馆为残疾人提供个性化辅导服务，内容涉及信息搜集、分类、组织、利用。因此我国的公共图书馆要向其他国家学习先进经验，与时俱进，在馆内设立盲文读物、聋人读物、弱智儿童读物，设立供残疾人专用的助听设备、视听设备等现代化装置的残疾人阅览室，让残疾人和正常人一样平等地利用图书馆的资源。

4.3 形成为残疾人服务的网络，让人文关怀超越时空界限

信息时代网络能从广度和深度上为残疾人提供方便快捷的服务，从纵向网络来看，四川可以省（市）级公共图书馆为中心，辐射到各地基层图书馆（室），形成一个地区性的为残疾人服务的网络。从横向网络来看，各市（县）公共图书馆可与当地残联、社区、街道联合，组成一个区域性的为残疾人服务的网络，灾区公共图书馆通过建立信息库，专门收集残疾人用户最需要获取的信息种类，定期免费提供诸如就业、医疗、保险、法律等信息资源服务，让党和政府的人文关怀

飞到残疾人的身边。

4.4 组织义工成立灾区助残服务小分队

由于四川灾区各公共图书馆人力、物力资源有限,使得助残服务不能遍及社会的各个角落,如果将当地的义工组织起来,成立一个个助残服务小分队,定人定点为残疾人送书、送物,甚至提供心理咨询等其他方面的服务,那产生的力量将是巨大的。义工小分队的出现将加大残疾人与外界的交流和对话,有助于打开他们封闭的心灵,开阔视野,能让残疾人更深刻地感受到同龄人的关爱和社会的温暖,激发他们战胜自我、奋发向上的精神。

4.5 在四川省图书馆设立"图书馆 512 基金"

"图书馆 512 基金"的设立,是图书馆的形象也是图书馆的价值与精神的体现。基金用于灾区图书馆的重建以及资源保护方面,对灾难中受伤致残的图书馆人及其家属后代给予帮助,体现职业的互助精神。今后,随着基金的壮大,将作为种子基金加大对弱势群体的扶助和引导图书馆实施一对一帮助重建,促进各地图书馆事业不断壮大发展。

4.6 灾区图书馆是各地图书馆人表达爱心的中转站

全国各地的图书馆人把收集和捐助的图书、报刊等委托四川各地图书馆发放到残疾人居住的场所,以充实他们的文化生活,稳定他们的情绪,指导他们预防其他疾病的蔓延。对在地震中垮塌的图书馆可采取临时措施,设置一批质量较好的帐篷或临建房,配置中文图书和报纸期刊,做些书架,简易开馆(不用分编,书刊得到利用就是目的)。所需费用可采取多方捐助和各省支援,中图学会统一安排方式,或采取各省市对口方式,一个省市包一个县馆(从设备到书刊),让大爱无疆在图书馆人的具体行动中不断升华。

灾区残疾人是社会上的一个特殊群体，大家对不幸在地震中致残的人的态度，也有一个漫长的转变过程，即由漠视到保护、怜悯再到接纳和关爱，每前进一步都是随着社会文明、进步而产生的。因此灾区公共图书馆工作人员在为残疾人服务的过程中，要注重培养自己强烈的爱心和耐心，有了爱心才不会嫌弃他们，才会主动去了解他们，有了耐心，才会想方设法为他们提供便利和服务，并用实际行动感染他们树立正确的人生观、价值观、增强战胜病残的勇气，坚定生活的信念，增强自信心。对于公共图书馆的核心价值而言，首要在于读者，在于对每一位读者的尊重和爱护，对自身责任的领悟，失去了这个核心价值，图书馆便如无水之鱼、无源之泉，丧失了存在的必要。所以对灾区残疾人这类特殊服务对象，灾区各图书馆应真正奉行图书馆精神，大爱无痕，实施人文关怀，倾注人文情愫，帮助弱势群体，把图书馆历史人文传统继续传承，担负起社会和历史赋予我们的特殊使命。

正是因为有了全国各地、社会各界对灾区人民的无私奉献，人们欣喜地看到：无数的残疾人从废墟中坚强地站起来了，无数的残疾人在废墟上顽强地生活着！灾区幸存的每一个鲜活的生命因为伟大的抗震救灾而生生不息，因为艰苦卓绝的重建奋斗而生生不息，因为历经苦难百折不挠的精神而生生不息！此时此刻，灾区图书馆人也将永远铭记：汶川精神不朽！用图书馆人的爱，穿越巴蜀大地，川流不息！

参考文献

1 杨信. 少儿图书馆(室)为残疾儿童服务的若干思考. 少儿图书馆中小学图书馆，1999(2)

2 贺桂和，邓小昭. 多通道界面对残障网络用户的人文关怀. 图书情报工作，2006(11)

3 陈一梅. 图书馆开展弱势群体信息素质培养的思考. 图书馆工作与研究，2005(2)

汶川地震与公共图书馆的硬件环境建设

郑铁亮(中国国家图书馆)

在当今知识经济的时代,公共图书馆已经发展成为现代文明社会不可缺少的社会文化机构,作为信息传播与交流中心的公共图书馆,也已经成为建设新型文化生态环境的重要组成部分,各级各类图书馆都不同程度地为终身教育或社会文化娱乐休闲提供了平台。党中央提出的科学发展观,最根本的就是人的全面发展,作为先进文化先导阵地的公共图书馆为实现人的全面发展提供了重要的源泉,而公共图书馆的硬件环境建设也是实现公共图书馆科学发展的重要基础。

灾难深重的"5·12"汶川特大地震,给四川人民带来了严重的创伤。心灵的恐惧、肢体的残缺、家园的毁损以及亲人的离失,都是难以忘却的悲痛!在这场灾难中,我们图书馆业界也遭受了重大损失。

痛定思痛,谁都不希望悲剧重演。图书馆是保存和传承历史文献的重要文化殿堂,有些损失是不可估量的、难以弥补的。借震后重建的契机,结合长远规划,为建设一个安全舒适、清新优雅的现代图书馆,我们很有必要深入研究公共图书馆的硬件环境建设。力争打造出各地别具特色,深刻蕴藏文化内涵和艺术特质的新时代公共图书馆。这就要求我们在公共图书馆的建设环境及地址的选择、建筑结构和艺术造型以及图书馆硬件管理系统等方面做出科学的、合理的设计与规划。

一、公共图书馆的建筑环境及馆址的选择

一座现代化的公共图书馆建设，要非常注重地理位置和周围环境的选择，才能更好地发挥其功能和使用效率。可以这样说，馆址的选择就是图书馆建筑的根基，成功与否将直接影响“图书馆大厦未来的命运”。

汶川地震带给我们沉痛的教训——公共图书馆在馆址决定前，一定要有地质勘察的报告，要查看馆址是否远离地震带，是否有地下暗河等，以防止地震、水灾、泥石流、山体滑坡等自然灾害的发生，同时要注意远离易燃易爆区、化学医药污染区、烟尘噪声干扰区等。

四川各级图书馆在恢复重建时，不妨借鉴古代别具特色的寺院藏书方法，考虑地势平缓的丘陵、小山顶等地方，因地制宜。清代周永年在提倡儒藏说时也曾极力推崇佛教僧侣藏经、护经的精神，建议做“‘懦藏之举’，或放之山林，以防水火，或派人管理，以保永久”。说明寺院藏书方法，是有效可资借鉴的。例如清代阮元和灵隐、焦山两大书藏的创立者正式建立文人专门藏书，制定具体的条例，希望“山寿书也寿”。四川所处地理位置多山，多地震和多火山喷发，多泥石流和山洪暴发，因此，四川各级各类图书馆的建设，一定要因地制宜，防范各种自然灾害的发生。

其他地方的公共图书馆在新建或扩建时，不仅要考虑上述地质条件，还应当考虑城区地理位置和周围自然环境的状况。图书馆作为一个城市的重要公益性文化设施，馆址的选择一方面要符合城市总体规划要求，一方面要利于功能的发挥，实现社会效益的最大化。馆址的选择要位置适中，交通方便，最好与科研院所、机关院校相毗邻，以提高服务效益。

图书馆理想环境的形成是多方面的，不仅在馆址选择时注意避开工厂、铁路以及娱乐服务设施等噪声干扰严重的地区，而尽可能选

择河畔、公园等周边宁静的地区，且周围70—100米之内避免高层建筑，还要加强院舍周边的环境绿化，绿化覆盖率不低于30%。科学实验证明，绿化面积大于30%能够很好地吸收噪声、调节温度与湿度。

图书馆的建设不仅要注重外部自然环境，内部环境装饰也尤为重要。优美而舒适的馆内环境和视觉系统能使人精神振奋，心情舒畅。如合理紧凑的业务布局、庄重典雅的家具、色彩柔和舒适的光线、清新的空气及适宜的温度，能令读者如坐春风、心旷神怡。还有，室内绿色花卉盆景的点缀也很有必要，花草树木产生的负离子，不仅能调节空气，还能够促进人体的代谢，调节神经活动，有利于创造性思维。

二、现代公共图书馆的建筑设计理念

伴随着现代化和信息化进程的不断发展，现代图书馆建筑的设计已从传统的藏书楼转变到现代的信息情报中心，其服务功能也从单一功能向综合功能发展。随之建筑结构和造型也逐步呈现出别具特色、多元共存的特点。正如1998年8月15日在上海图书馆举行的第十一届国际图书馆建筑学术研讨会上，Dr. Brian Lang所说的那样："图书馆在现代社会中的作用至关重要，因而，图书馆建筑必须拥有宏伟的外观，以符合它所代表的人类的理想以及它在现在和将来社会中所起的作用。"

图书馆的楼宇建筑设计安全实用永远是第一位的。汶川地震所造成的灾害，也警示我们图书馆的安全是发展的根基，是可持续发展和铸就辉煌的保障。

为增加建筑物的抗震性能可运用地震吸收阻尼器等结构。阻尼器实际上是一个巨型的震动吸收系统，其主要设计为气缸和活塞。当遭遇地震时，活塞就会压油穿过孔洞来释放外力，理想状况下，这些阻尼器能够吸收由于大厦运动而产生的能量。一般的大型阻尼器能承受126万磅的阻尼力，小型的能承受约60万磅。墨西哥城的Torre Mayor大厦即使盖到最高，也应该只有38层，但由于运用了专用的地震吸收阻尼器，这幢建筑才得到了能够再加盖17层的许可，而且在墨西哥发生7.6级地震后这座55层高的大厦仍屹然而立，安然无恙。还有，2008年9月建成并开放的中国国家图书馆二期工程——国家数字图书馆，在建筑设计上采用了全钢架玻璃幕墙结构，达到了抗击10级地震的要求。当然抗震设防烈度每增加一度，建筑成本就会提高15%，这个成本的增加还是很有必要的。尤其是在恢复重建中的四川各级图书馆，在建筑设计时，可参照上述方式方法，加强抗震性能，不要再让悲剧重演。

现代化的图书馆建筑应当是多功能与完美造型相结合的艺术品。一座成功的图书馆建筑应当富含文化底蕴，彰显时代特色，能够与周围环境一起共同渲染文化氛围，很好地发挥其功能。

现代人生活和学习都追求“人性化”和“个性化”。因此，现代化的图书馆在注重时尚的外部造型的同时，还要在建筑设计中融入开放灵活和以人为本的理念。图书馆是为读者服务的文化阵地，也是人们进行交流和学习的场所，现代化的图书馆就是要为人们提供终身学习、增长自身才智的平台。在建筑设计中，要注意声、光、空气、色彩以及温湿度等环境的调节与使用搭配，尽量借用外部自然条件；室内温度保持在18°C与21°C之间为宜，湿度保持在50%至60%之间，但绝对不能超过65%，否则，将不利于文献的保存。为满足读者对一般文献藏、借、阅合一的服务需求，以方便读者在书海里徜徉与自选自取，内部建筑结构宜采用无墙的大开间布局。对此，《图书馆建筑设计规范》规定图书馆建筑采取的柱网框架结构宜用1.2m或1.25m的整倍数模数，柱网尺寸多为7.2m×7.2m或7.5m×7.5m。这样有利于桌椅和书架的摆放，满足了大开间的开放灵活性和多功能性，有利于空间的重组，适应形势的变化，利于各种资源发挥最大效益。

另外，随着图书馆功能外延的不断扩大，图书馆的建筑设计也要体现出多元化，才能使其开展多种多样的科学文化活动，充分发挥其文化展示与交流的作用。

三、现代公共图书馆的硬件管理系统

现代公共图书馆的硬件管理系统是图书馆硬件环境建设的重要组成部分，他就如同人的血液和神经一样，控制着图书馆的正常运转。没有图书馆硬件管理系统的建筑，将会严重影响图书馆的使用功能。

具体来说，现代图书馆的硬件管理系统主要包括以下四大系统：(1)图书馆业务管理与数字化服务系统。(2)物业管理与设施管理信息系统。(3)安防警报及监控信息系统(SMS)。(4)机电设备运行及监控管理信息系统(BAS)。在建筑设计时对这些硬件管理系统要预留操作平台，合理进行网线布局，分别单独设置操作间，以便专业人员在正常运行中实施监控和管理。为保证整个硬件管理系统的正常运行，可采用千兆以太网作为局域网的主干，采用高效三层交换技术解决虚拟网间的通信，预留网络通道4G以上为宜，这也是目前大型图书馆网络系统的主要方式。下面分别介绍上述各个系统的实施目标及主要内容。

图书馆业务管理与数字化服务系统是为广大读者提供服务的各种数据库，主要包括编目子系统、典藏子系统、流通子系统、读者管理子系统、公共检索与查询子系统、数字文献生产与管理子系统等。物业管理与设施管理信息系统是对图书馆各种设施进行登记注册管理以及有关后勤服务业务进行的管理，以便能够为广大读者和工作人员提供一个良好的工作和学习环境，主要包括房产管理、公共设施管理、停车场服务管理、卫生绿化服务管理、设施维修管理等。安防警报及监控系统是对公共安全及火灾的监控报警和联动控制的综合管理体系，以便时刻监督和维护公共安全，主要包括火灾报警及联动控制系统、安防监控系统、入侵防盗报警监控系统、门禁管理系统、公共广播信息系统等。机电设备运行及监控管理信息系统就是对水、电、空调、计算机等各类机电设备的运转进行的调节与控制，以保障各种设备的正常运行，主要包括给排水监控系统、空调与通风系统、变配电与照明系统、计算机及通信设备监控系统、电梯运行监控系统等。

上述各个管理系统并不是分散的独立的系统，而是互相联络、相互协调、相互支持的有机整体，并逐步形成一个图书馆的综合管理体系。硬件环境的建设离不开软环境的支持，有了一流的建筑，一流的设备，还要配备高素质的人才，强化服务意识，提高服务质量，才能发挥硬件优势的高功能高效率，才能使公共图书馆创造良好的社会效益。

随着现代高科技的飞速发展，现代信息技术广泛应用到图书馆之中，给图书馆的服务和管理带来了一系列重大变化，并直接影响到图书馆的本身结构及其硬件环境建设。近 30 年来，大批有着丰富文化内涵、良好内外环境，方便读者阅读研究交流、广泛采用信息技术的现代化的图书馆建筑，促进了图书馆事业的现代化，这些现代化的图书馆已成为社会文明进步的鲜明标志，成为当地靓丽的文化景观。但就目前我国图书馆建设发展的现状来看，与世界先进水平还有很大差距。这一方面受政府经济条件的限制，一方面是时代观念的局限。为此，我们有必要对公共图书馆的硬件环境建设，作进一步的广泛深入的研究和探讨，为今后公共图书馆的发展建设提供导航，为现代化的公共图书馆更好地造福于人类创造更加有利的条件。

参考文献

1 时学宏，黄尧力．图书馆整体环境效应探讨．当代图书馆，2004(1)

2 谭祥金．图书馆建筑新思维——兼论图书馆员的建筑理念 见：戴利华．2003 海峡两岸图书馆建筑设计论文集．北京：北京图书馆出版社，2003

3　张美莺. 中国古代寺院藏书. 南普陀论坛,2009(3)
4　鲍家声. 现代图书馆建筑设计. 北京:中国建筑工业出版社,2002
5　常林. 数字时代的图书馆建筑与设备. 北京:北京图书馆出版社,2006
6　中国建筑西北设计研究院. GBJ 38—99 图书馆建筑设计规范. [2009-05-30]. http://csgh.hbsjst.gov.cn/Web/Article/2006/10/27/1416392761.aspx?ArticleID=000c3647-8db4-4cb6-8c49-02860b3e205a
7　李正义. 浅谈图书馆设计的外部要求与内部功能. 安徽商贸职业技术学院学报,2004(1)
8　毕盛兰. 信息社会、知识经济时代图书馆建筑的新理念——智能化. 河北科技图苑,2000(4)

“一卡通”对公共图书馆服务的影响
——绵阳市图书馆使用智慧2000数字图书馆系统心得

王智群(四川绵阳市图书馆)

2008年“5·12”特大地震灾难发生后,作为对灾区的智力援助,微方电脑科技(北京)有限公司向绵阳灾区图书馆捐赠了“一卡通”智慧2000数字图书馆系统软件系统。该系统参考了当时国内外各种图书馆自动化软件的功能并结合图书馆管理的发展要求而设计的,它实现图书馆传统业务自动化和数字化无缝的连接,从局域网系统发展到广域网系统,体现了紧随图书馆业务发展方向设计思路。该系统按管理信息系统设计,强调流程化控制,利用智慧2000数字图书馆系统提供的管理功能,可以使图书馆在传统业务方面的管理更科学,更准确。智慧2000系统各个功能板块齐全,采访、编目、流通、办证、典藏等分工明确,数据流程清晰。从2008年10月绵阳市图书馆开通《智慧2000》系统试用,至今已有半年多时间,在学习使用过程中,我们有如下体会。

1 智慧2000数字图书馆系统在行业内优势凸出

1.1 技术先进

支持各种国际国内先进的信息处理标准(CNMARC、UNIMARC、USMARC、ISO2709、Z39.50),使用全UNICODE内核(支持多语种录入,USMARC或CNMARC方式编辑书目),跟踪国内国际先进技术并及时升级系统。

1.2 性能较强

各版本都是按一卡通网络应用设计，只要用户具备网络应用环境，便可以实现一卡通服务。

1.3 功能全面

涵盖了图书馆的所有业务功能，适合不同规模的用户。

1.4 安全可靠

管理固定的网络用户群，对信息安全的控制能力强。具有四级安全管理模式，一级为 Windows 操作系统用户组、二级为分布式组件权限审核、三级为数据库用户权限审核、四级为各管理模块用户使用权限审核。

2 配置好智慧 2000 系统，软件的安装、自身数据导入是关键

2.1 软件安装

智慧 2000 系统的一大特点是对服务器硬件配置要求不高，比如安装中型版的服务器仅建议使用主流双路服务器，配置内存 1G—2G 以上，RAID5 磁盘阵列 40G 以上，普通服务器配置基本都能满足要求。绵阳市图书馆在软件的安装方面基本顺利，值得一提的是，我们为了保证资源服务器的安全，在公司的建议下，我们使用了通讯服务器来实现远程区县馆的数据交换。通讯服务器是一个独立程序，为远程终端用户提供访问数据库服务器的通讯服务。终端用户不需要直接访问数据库服务器，这样就消除了因为终端的不良环境带给数据库服务器的安全隐患，确保了数据库服务器的健康运行。

2.2 数据导入

在使用智慧2000系统前绵阳市图书馆使用的是自主开发的一个管理软件，虽然实现了一定限度上的自动化服务，但与专业的图书馆自动化管理系统相比还有一定的差距。智慧2000是一个专业的图书馆自动化管理系统，要做系统的转换首先要做好的就是数据的导入。由于我们原来的系统在数据标准化与行业内标准格式有所差异，所以在数据分析时难度相对较大，加上时间紧迫，所以数据导入后有一定偏差。比如905字段的索书号，起初以为没有著录，后来通过使用发现著录到了989字段，但因为数据已导入，若要更改就只能数据重新分析，需要大量的人力物力，事倍功半。所以，在数据导入前一定要充分了解自身数据与智慧2000系统的差别，分析数据时掌握好重点、难点，仔细研究，降低数据导入的错误率。

3 用好智慧2000系统，技术培训、售后技术支持是保障

3.1 技术培训

安装结束后，智慧2000系统技术人员还提供了业务培训。全体业务工作人员集中进行了为期一周的使用培训，从服务器、客户端的安装到各功能版块的使用都进行了逐步讲解。通过培训，现各岗位工作人员都能适应并操作本岗位工作。各岗位工作人员非常重视软件学习，智慧2000系统是一个功能强大的图书馆专业自动化管理软件，该软件各版块功能分工明确，专业性强，我们根据各自的业务分工，有针对性地进行了学习，边学边用，现已运用各版块功能为读者服务，极大地提高了图书馆服务的自动化水平。

3.2 售后技术支持即时可靠

智慧2000系统的售后技术支持是一大特色。随软件一并打包

赠送的电子版软件用户手册相当完备,内容分为管理员手册、用户手册和管理相关文件三大部分,问题解析清楚明了,让各级用户在使用过程中都能即时的查询到自己所需要解决的问题,极大地方便了软件的学习和推广。同时让工作人员在适应新软件的过程中能够边使用边学习专业知识,有效地提高了业务水平。公司工作人员还随时在线提供技术支持,遇到问题能够得到即时解决,让用户在使用过程中感觉到放心。

4 智慧2000数字图书馆系统对图书馆传统业务工作影响较大

绵阳市图书馆安装智慧2000系统半年多时间,使用后发现该系统在对图书馆传统业务管理方面较之以前的系统在专业性上确实更胜一筹。

4.1 对维护工作的影响

软件发展成熟,稳定性方面表面良好。绵阳市图书馆在智慧2000系统安装至今近八个月的时间里运转情况稳定,没有出现无故中断,大大地降低了维护率,提高了工作效率。

4.2 对采编部业务工作的影响

智慧2000系统编目工具齐全,备注明确,著录人员可以在著录过程中随时查询所需信息。数据标准更规范,和行业内标准一致,为全面共享提供了前提条件。

4.3 对流通工作的影响

绵阳市图书馆以前对于流通人次的统计还停留在手动操作层面,使用智慧2000系统以后,可以用软件对读者到馆人次进行登记,减少了工作量，方便统计，数据一目了然，提高了效率，对工作量的统计更直观、快捷，管理更加规范。

4.4 对读者服务窗口工作的影响

使用智慧2000系统半年多时间以来，读者新办证人数增多，大多数读者对这种一个借阅证终身只属于一个人表示支持。我们以前办证的读者信息也都是手动登记，纸质存档，在管理和保存方面都是一个难题。现在的系统提供读者信息登记，而且有本人照片，保证了自己的证自己用，充分保证了读者的权益。

4.5 促进了本地一卡通服务的推广

绵阳市图书馆藏书40万册，县级图书馆藏书平均不足5万册，为了充实县级馆藏文献资源，我们要朝着资源共享的方向发展。使用智慧2000以后，绵阳市已开通一个县级分馆，目前这个县级馆可以和市级中心馆共享文献资源，他们不仅可以查询利用市级馆的书目信息完成本馆馆藏信息，还可以独立地完成办证、借书、还书等流通业务，轻松实现了地区内的异地通借通还一卡通服务。由市馆完成采编业务，解决了县图书馆原来文献资源匮乏专业人员缺少的问题，这样既方便了读者更是真正意义上地充实了县级馆藏文献增加了县馆的服务内容。

5 智慧2000数字图书馆系统大大地提升图书馆形象

使用智慧2000系统以来，流通、采编、办证等窗口已基本进入正轨，得到了大家的一致认可。读者认为，智慧2000系统的推行意味着图书馆服务的一次飞跃，由半自动化向自动化迈进了一大步，对于提升图书馆的公众形象、更好地服务读者有着重要意义。自动化的服务让市民能够更方便、快捷地享受到图书馆资源,并提高了服务的效率。近段时间以来,邻近地区图书馆多次对我们的使用情况进行了解、咨询,对图书馆一卡通服务充满了期待。

智慧2000数字图书馆系统把图书馆的传统手工服务带向了自动化,网络化,在实践过程中,我们应该全面熟练掌握软件的功能,并通过使用,找到适合自身图书馆服务最优化的改善方案。目前绵阳市图书馆在使用一卡通的过程中不断与公司进行交流,做到在发现问题、解决问题中逐步完善,充分利用该软件深入开展业务工作,促进图书馆规范化服务。在下一步的工作中,我们将不断扩大一卡通服务范围,让更多的县级图书馆加入到一卡通的圈子里,实现资源最大化的共建共享,从而更好地为读者服务。

爱在星空下成长

——记张杰北斗星空慈善会汶川地震筹建图书室之爱心行动

王桂云(扬州大学图书馆)

2008年5月12日,一个让所有中国人触目惊心的日子,四川汶川大地震,让百万民众受到伤害和摧残。山川变色,天空阴霾,群峰呜咽,让所有的中国人禁不住哀伤颤抖。汶川大地震让四川灾区的文化遗产与公共文化设施遭受到前所未有的破坏。图书馆可以说是一个地方的精神象征。而地震给四川省、市、县级图书馆的毁坏程度是触目惊心,损失更是难以估量的。

社会各界人士自地震以来,一直心系灾区图书馆的重建工作。2008年末开始,四川地区的图书馆重建工作被列入政府重点关注项目,并已启动重建计划。各级领导对新图书馆的布局定位、功能设计、建设质量等作出指示,特别强调了建设要注重合理、超前性,也要注重尽量节约、节能、环保和抗震等功能要求。

图书馆界包括灾区图书馆人和全国图书馆系统在抗震救灾和重建精神家园中的积极行动、突出表现和发挥的巨大作用,使之成为整个灾后文化重建的一大亮点。

也许有人认为,图书馆的重建工作道远而责任艰巨,更多的应该依靠政府救助。但事实上,四川地震灾区的图书馆人经历了灾难、经受了考验,曾经默默无闻的他们对图书馆事业的热爱和忘我投入的工作吸引来越来越多的关注的目光。各届社会团体和社会爱心人士已纷纷加入到这个精神文明的建设中来。

我叙述的,就是这样一个普通的、有爱心的、社会自愿小团体在灾区筹建爱心图书室的行动。

他，叫张杰，是四川省土生土长的一个普通孩子。他的身份是歌手。

他们，叫星星，是张杰的歌迷，一群有爱心，团结善良的人。

很多人都认为明星与粉丝，不过就是疯狂的追星，都是一些常人不可理喻的古怪行为。但张杰和他的歌迷却真的不是这样的一群人。他们都是善良的，坚强的，勇敢的，乐观的。

张杰曾经说过："当我有了能力或有了更大的责任的时候，为这个社会会做得更多。"应他的感召，张杰的歌迷为了爱心事业，于2007年8月18日，成立了北斗星空志愿者慈善会，并于2007年10月10日正式纳入红十字会正规管理，在红十字会监督下从事各种爱心和志愿活动。因此成为中国第二个、四川省第一个正规合法的粉丝爱心团体。北斗星空志愿慈善会成立近一年以来，已经帮助了近240多个贫困孩子重新燃起生活的希望，让他们今后不再为没有机会读书哭泣，不再为自己家庭的不幸低下头来。2008年初，在暴风雪侵袭了祖国的南部时，张杰北斗星空志愿慈善会共向湖南赈灾办捐款10万元。

与此同时，北斗星空慈善会的志愿者们冒着余震的危险，为爱奔走，亲自奔赴重灾区各小学实地考察，寻求受灾严重急需帮助的个人或小学。经过星空慈善志愿者的实地调查发现，成都市下辖的彭州市红岩镇中心小学、葛仙山小学、敖平小学等都是受灾最严重的学校，因为校舍损坏学生停课在家，既没有地方读书，更没有书可以读。"十年树木，百年树人"，"一本好书就是一个好老师"，书籍是人类进步的阶梯，是开启人类智慧的金钥匙。对于这些身心刚遭受过重创的中小学生而言，书包被埋，心灵受伤，图书尤其是心理健康方面的书将能为他们打开心灵之窗、开启未来的人生之路提供有效帮助。因此，在我们开展助养助学计划，给予他们物质上的帮助的同时，我们更希望能更给予他们精神上的支持和鼓励，因此，北斗星空慈善会启动了红岩镇中心小学和敖平小学图书室筹建捐助活动。

捐赠仪式结束以后，红岩镇中心小学的同学们就争先恐后地在“张杰星空慈善图书室”里找着自己感兴趣的书籍，志愿者们还向同学们推荐有益于身心健康方面的书籍。随后星空慈善志愿者和麻辣社区的网友又来到敖平小学，为他们送上另外3000余本图书，并做了进一步的实地考察。敖平小学蔡校长带领我们参观并跟我们详细说明了学校的受灾情况，以及目前的重建规划。蔡校长在给我们讲述地震当天发生的事情时，脸上依然挂着心痛的表情，活动板房、军用帐篷……每走一步每件物品都在提醒我们那场灾难的可怕。但是他的眼里闪动的不是绝望，而是充满希望和坚毅的光芒，这让我们非常感动！已经铲平正准备重建的教学楼触目惊心，而旁边幼儿园的几间教室里，依然有很多天真可爱的小朋友在玩耍嬉戏……这样的对比，让我们大家清楚地感悟到：地震震垮的只是校舍，它震不垮我们的灵魂，震不垮我们希望。

孩子们：你在，我们在！心在，爱就在！虽然我们的力量有限，此次的捐书虽然不多，但我们的一片爱心善举一定会形成爱的暖流，流进你们的心田，我们的爱一定会继续传承下去，进行爱的接力，希望孩子们可以在书本的世界里让心灵飞翔，可以让目光远大！明天过后，一切更美好！我们一起努力！我们都在！我们还将继续启动湖南湘西以及四川灾区彭州助学及图书室项目！同时对以上两个已经筹建的红岩小学和敖平小学“张杰星空慈善图书室”，将由四川志愿组定点定时回访学校，继续补充图书并继续捐助孩子所需要的学习用品。爱，让我们在这里，一路前行，不离不弃！我们将继续号召大家捐款捐书，让更多的学校拥有使孩子快乐和补充孩子精神食粮的“张杰星空慈善图书室”，让所有渴望读书的孩子都能在书的海洋里吮吸养分，净化心灵，增长才干，将这个活动越做越强大，吸引更多的人参与，为改变地震灾区儿童的学习和生活状况而继续努力，继续发挥北斗星空慈善会的作用，成为传播爱心的桥梁，成为传承文明的载体。我们一定能让更多充满爱心的“张杰星空慈善图书室”走进地震灾区，走进那些最需要书籍和最需要温暖的地方，让最美的太阳融化冰雪，让寒冷的冬夜不再孤单，让爱在星空下成长。

赠人玫瑰，手有余香！当你送出于你来说可能只是一顿饭钱的时候，或许，你已经在不经意间，挽救了一条生命，抚慰了很多心灵，升起了孩子对未来的希望。关于我们北斗星空慈善会的"张杰星空慈善图书室"爱心活动，充斥了平凡中的不平凡，普通中的不普通。以上通过星空慈善会汶川地震筹建图书室爱心行动的一些点滴和感言来感受这次与众不同的活动。虽然只是点点滴滴，但能反映出我们北斗星空慈善会在张杰的感召下的社会责任感与爱心。到 2009 年 4 月全国各地的星星已经为地震灾区小学捐赠了 4 所爱心图书馆，扶贫帮困对象遍及四川全省。

我曾经因为自己在不惑之年成为一个歌手的粉丝而不被自己和同事理解而感到不解，可现在我要说，我为能成为一个歌手张杰姨妈级的粉丝而自豪，更为一个在大学图书馆工作 25 年的图书馆人成为北斗星空慈善会的一员，参与星空慈善会汶川地震筹建图书室之爱心行动，为灾区孩子献出自己的一份爱心而感到由衷的欣慰。

对地震灾区图书馆援助与志愿服务长效机制的探讨

谌　缨(深圳南山图书馆)

2008 年 5 月 12 日 14 时 28 分,四川汶川发生了 8 级特大地震,造成四川、甘肃、陕西等 8 万多名同胞遇难和失踪,房屋大量倒塌损坏,基础设施大面积损毁,工农业生产遭受重大损失,生态环境遭到严重破坏,引发了崩塌、滑坡、泥石流、堰塞湖等次生灾害。[1] 灾区的公共图书馆和学校图书馆的建筑都不同程度受损,图书馆员工也有死伤。灾后图书馆的重建和恢复工作任重而道远。

1　地震后灾区的援助和志愿服务情况

地震后,全国各地以及世界各国的友好人士都伸出了援助之手。据民政部 2009 年 5 月 12 日公布的数据,截至 2009 年 4 月 30 日,全国共接收国内外社会各界抗震救灾捐款 659.96 亿元,捐赠物资折价 107.16 亿元,已全部拨给灾区使用;捐赠款物合计 767.12 亿元。[2] 根据国务院的《汶川地震灾后恢复重建对口支援方案》,全国 19 个省市对口援助受灾严重的县市,原则上一个省援助一个县、市,如北川县就由山东省负责援建,北川图书馆也由山东省负责规划重建,2009 年 3 月,还获得了荷兰 Claus 王子基金会文化紧急响应项目提供的 12 万欧元资助,以重建书库。[3]

在抗震救灾中,全国及世界各地上百万的志愿者(义工)自发从天南地北赶赴灾区,加入到抗震救灾的行列,配合解放军、武警、民兵、公安民警和医护人员,提供医疗、运输、物品分发、搬运、人员疏散、心理安慰与帮助等,对抗震救灾工作取得重大胜利,做出了巨大的贡献。但在一年后的今天,灾区也趋于平静,大部分志愿者都回到原来的生活环境中去了,据四川省团省委志愿者工作部的部长江海说,到2009年春节前后,大约还有5000名外地志愿者、50余家志愿机构,坚持留在灾区。[4] 在灾区图书馆和图书室服务的志愿者就更少,在笔者去过的北川县擂鼓镇吉娜羌寨的农家书屋,目前还有一位志愿者在管理和服务。要使志愿者在灾区坚持长期服务,除了志愿者和志愿组织的理念、技能外,没有项目及经费的保障,志愿者的生存都有问题的话,提供志愿服务就是一句空话。

2 对灾区图书馆援助和志愿服务(或义务服务)长效机制的探讨和建议

2.1 完善我国有关捐赠、义工服务的法律,鼓励捐赠的激励制度

在目前我国现有的财政制度和体制下,灾区图书馆的重建主要还是要依靠中央和各级政府的财政支持及各省的对口支援,要保证基本的重建经费和日常运行服务费用。政府要通过合理的政策和激励机制,激发社会各单位、团体和个人的关爱之心,向灾区的图书馆伸出援助之手。在国外和西方发达国家,公共图书馆经常是社会慈善组织的捐助对象,定期捐赠资金和图书、设备等。因为发达国家都有比较完善的鼓励民间慈善活动的法律和激励制度,捐赠的物资和资金都很方便地获得税收优惠。而我国关于义工、志愿者的法律规范、关于私人向民间慈善机构、公益事业单位(包括图书馆)捐助后具体的税收优惠规范都还有待制定和完善,简化手续,从而适应慈善援助方式多元化的需要。

灾区的地方政府,要重视在市民中推广、规范、建立鼓励市民参加志愿(义工)服务的制度,在广大市民中逐步形成积极参与义工服务的热情和积极性,对优秀的义工给予一定的奖励。如深圳市人大

于2005年就通过颁布了《深圳市义工服务条例》,对义工和义工服务进行规范管理,明确表彰和鼓励措施。这次地震灾后,上百万志愿者在灾区的义务服务,也是一个很好的对志愿服务和行为的榜样宣传作用。

2.2 物资援助与智力援助相结合,请进来与走出去的援助相结合

各地对灾区图书馆的援助,除了提供所需要的大量的图书、设备、业务管理系统、重建资金、志愿服务人员外,也需要对灾区图书馆的员工在服务理念、技能上进行帮助。可以组织图书馆方面的专家和学者到灾区去,对当地的图书馆员进行培训,同时,也可邀请灾区的图书馆员到外地的比较先进的图书馆进行考察学习,了解先进地区图书馆的服务理念、管理方式、公益、公平地服务设施,对在灾区重建新的图书馆、招聘新的图书馆管理人员有很大帮助。深圳图书情报学会于2009年3月底—4月初,组织了由深圳市、区公共图书馆的馆长、部门主任等专家组成的捐助考察团,来到绵阳地震灾区,除捐赠了总价值达50万元左右的图书、期刊及电脑等设备外[5],专家们还考察了5个市县图书馆,与当地的图书馆员座谈,并由专家对当地100多位市县、学校的图书馆员讲课,介绍深圳公共图书馆的读者活动、基层图书馆建设、图书馆之城建设等方面的情况和经验。随后,邀请了绵阳地区、邛崃市的14位图书馆馆员到深圳来学习和考察,所有费用由深圳的市、区图书馆分担。通过在深圳的学习和实地考察、实践,使灾区的图书馆员,对深圳的公共图书馆服务的全开放、全免费、全公益的理念有了更深刻的认识,开阔了眼界,更新了观念。另外,中国图书馆学会2006年开始进行的“中国图书馆学会志愿者行动——基层图书馆馆长培训”,由学会组织几十位专家教授,到当地对基层图书馆馆长进行一系列新知识、新技术、先进管理和服务理念的业务培训,对推动基层图书馆的发展、引起地方政府和全社会对基层图书馆事业的高度关注和重视起到很重要的作用。[6]这种模式

对地震灾区图书馆的重建和援助也一定大有好处。

2.3 援助物资、捐赠资金的使用要全部公开透明

按照《中华人民共和国公益事业捐赠法》的要求,受赠人应当公开接受捐赠的情况和受赠财产的使用、管理情况,接受社会监督。这是获得长期援助的必要条件。这次汶川大地震后,全国各界和图书馆同仁向灾区图书馆捐赠了大量的图书、设备、资金等,除在接受捐赠时有个收条外,目前还没有在大部分受赠的图书馆网站或相关政府网站上看到所接收的捐赠物品、设备、资金的使用情况及图片。如果不将受赠的情况公开、透明,今后将很难吸引更多的人对图书馆的长期援助。

2.4 区图书馆面向社会甄选义工

根据各灾区图书馆事业发展的需要,在当地市民中,公开招募义工,建立图书馆的义工队,制定一套招募、管理、服务、激励的制度,上岗前进行基本的业务培训,在图书馆的一些公益活动、阅览室服务方面为读者提供义务服务。这种模式,需要图书馆付出一定的招募和管理成本。

2.5 与志愿组织、学校、企业等建立长期义务服务协议,为图书馆提供一般的义务服务和比较专业的义务服务

如广州市图书馆与本市高校学生会联系,由学生会统一按照要求招募合格的学生,到图书馆进行义务服务。深圳宝安区图书馆与区义工联合作,由义工联安排义工,按照图书馆的需要,为读者提供义务服务。[7]深圳南山图书馆也长期与周边的南头中学、荔香中学建立了义务服务协议,在周末和假期,根据图书馆的要求,由学校安排学生到图书馆的阅览室为读者提供义务服务。在开展大型活动时,与南山区义工联合作,安排义工参与活动的服务等。对于需要专业技能的公益服务,可与相应的专业公司和单位合作,签订长期协议,

由图书馆提供场地和辅助人员，专业人员定时来馆提供义务服务。如南山图书馆开展的“星期天法律服务日”、“星期五心灵之约心理健康日”就是分别与深圳大学法学院和深圳博延心理咨询有限公司共同建成的公益咨询服务平台，由他们在每周日、每周五派法律系的师生和心理咨询师来馆，为广大市民和外来工提供义务、免费、公益的法律咨询和心理咨询。从2006年开始，一直坚持到现在。这种模式建立在双赢的基础上，对合作单位来说，有个免费的场地、人流较大的地方，虽然是义务免费的服务，但对企业和单位是一种宣传作用，提高了社会影响力；对参与活动的专家和学生，也是很好的积累案例的机会。对图书馆而言，增加了专业的公益服务项目，能解决读者一些生活或工作上的问题，也就吸引了更多的读者到馆，发挥了图书馆作为信息服务中心的作用。

2.6 图书馆与社会和志愿组织合作，异地援助与当地志愿者结合，发挥各自的优势

从志愿服务的经济性来说，异地的人员到灾区去进行志愿服务，其生活和工作成本还是较高，如果没有一定的经济实力的支持，很难长期坚持下来。所以，如果异地的义工组织与当地的志愿团体联系，结成合作关系，采用当地的志愿者（或义工）在当地图书馆服务，而异地的志愿（义工）组织提供相应的物资、资金支持，并及时地将物资、资金的使用明细公开，向捐助者及时反馈捐助物品和资金的使用情况，异地的义工组织不定时的到灾区走访、探望被援助的对象，抽查援助物品、资金的使用是否符合双方的约定。这样，可以发挥两地志愿组织的积极性，节约援助成本。从2008年初开始，南山义工联就与湖北荆门市的义工联合作，由荆门的义工对贫困家庭的学生进行家访，将学生资料提供给南山义工联，由南山义工联在深圳为这些学生寻找资助者，并结成帮扶对子。南山义工联安排1名义工利用2009年五一假期，到荆门地区对受助学生进行部分家访，核实资助的实况。这种两地结合的模式，已取得了很好的效果。近几年，南山

图书馆就通过与多个志愿团体合作，捐赠图书期刊，建立了贫困地区的学校图书室。如与壹对壹助学成长网合作，在贵州赫章县平山乡前东小学建立了“南山书屋”；与麦田计划助学组织合作，在广东罗定县捐助学校图书室；与深圳爱心 QQ 群及四川南充市的志愿者合作，为南充市嘉陵区贺家沟小学建立图书室；与深圳市南山区义工联长期合作，通过义工联将图书捐赠给贵州镇远县中学、江西九连山学校等校，帮助建立了图书室或补充课外读物。通过这种合作模式，发挥了各自的优势，捐赠方节约了捐赠的成本，志愿组织获得了更多的捐赠资源，扩大了其影响力。

3 结语

因为地震灾区的重建需要较长的时间，所以对灾区图书馆的援助和志愿服务也是一项长期的工作，需要中央和地方政府的高度重视，完善和补充相关的法律法规，寻找更多有效的办法、激励的措施，使灾区的图书馆能够尽早得到重建和恢复，也借重建的机会，彻底改变灾区图书馆过去的落后面貌，达到现代一流的图书馆服务设施和服务水平，为地震灾区的民众提供更多、更好的文化服务和产品，这也是灾区图书馆的涅槃。

参考文献

1 胡锦涛. 在全国抗震救灾总结表彰大会上的讲话. [2009 - 06 - 06]. http://news. xinhuanet. com/newscenter/2008 - 10/08/content_10166536_4. htm

2 民政部新闻发言人就汶川地震抗震救灾捐赠款物管理使用情况答记者问. [2009 - 06 - 06]. http://www. mca. gov. cn/article/zwgk/mzyw/200905/20090500030692. shtml

3 川肖. 北川图书馆获得 12 万欧元资助. 中国文化报[2009 - 06 - 06]. http://www. ccdy. cn/pubnews/511024/20090308/569869. htm

4 徐楠. 理想与现实的落差——灾区重建民间组织生态观察. 南方周末[2009 - 06 - 06] http://www. nanfangdaily. com. cn/epaper/nfzm/content/20090507/ArticelA11003FM. htm

5 杨海滨. 深圳市图书馆学会组织援助绵阳市图书馆. [2009 - 06 - 06]. http://www. lsc. org. cn/CN/News/2009 - 04/EnableSite _ ReadNews2322629841239033600. html

6 伍晓燕. 论国内城市公共图书馆义工服务的高效管理. 科技情报开发与经济,2008(19)

7 刘忠平. 图书馆志愿者在行动. 图书馆,2006(4)

从注目到注资：谈如何吸引社会力量促灾区图书馆恢复重建

邓爱贞　张英兰（中山大学珠海校区图书馆）

距离汶川大地震已经一年了，轰轰烈烈的抗震救灾已经告一段落，然而灾区恢复重建是国家政府和全社会面临的一项长期而艰巨的工作。如何保障灾区图书馆建设可持续发展是目前面临的严峻问题。从国务院颁布的《汶川大地震灾后恢复重建条例》中提出灾后重建坚持政府主导与社会参与相结合的原则，我们可以知道，由于我国目前经济实力相对落后，仅想通过政府的有限投入来解决灾区图书馆建设资金不足的状况是难以行通的。随着公众关注与参与公共文化体系建设热情的提高，如何把注视的目光转化为注资的实际行动，是个值得探讨的问题。笔者拟对灾区图书馆筹资提点粗浅的看法。

1　关于社会力量资助图书馆的文献综述

笔者以中国期刊全文数据库、中国期刊全文数据库（世纪期刊）、中国优秀硕士学位论文全文数据库、中国博士学位论文全文数据库为文献来源范围，分别以下表中的关键词组配进行检索，结果见下表：

关键词	图书馆 AND 捐赠	图书馆 AND 资金来源	图书馆 AND 筹集资金	图书馆 AND 基金会	图书馆 AND 募捐	图书馆 AND 社会资助	图书馆 AND 募款
文章数量	319	24	23	174	16	16	1

通过对文章的分析研究,笔者将关于社会力量资助图书馆的文献主要内容综述如下:

1.1 图书馆获取捐款的障碍

(1)观念缺失。如何筹集经费以助图书馆的发展,在图书馆发展史上出现了一些误区。如20世纪80年代热衷于讨论“图书馆收费”、“市场化运作”,经过20多年的实践证明,试图通过市场化发展图书馆事业是走不通的。于是大部分图书馆转向“坚持依靠政府”论。曲晓玮认为,在图书馆的社会捐助史上,由图书馆人策划完成的募集行为凤毛麟角,主动谋求社会力量支持、增加资源渠道的观念和做法对国内许多图书馆来说都是陌生的。石劲松认为,有的图书馆害怕自己主动争取额外公益性捐赠会换来财政拨款减少的被动,导致有些图书馆很少或不愿与企业接触。张白影著文认为“图书馆从业者亦应突破以往完全由国家统包经营的思想藩篱,摆脱消极与清高心态,在不断完善社会服务的同时,主动宣传、积极促进,形成图书馆社会援助的普遍共识”。

(2)环境缺失。我国社会公益事业存在着文化环境的“先天不足”,在政策设置和环境打造上,我们对公益的鼓励、优惠及扶持不够,缺乏与公益事业相匹配的制度合作和法律保障。

(3)机制缺失。现代公益不是简单地捐些钱物,只有把捐助与组织能力、运行机制结合起来,才能切实地解决问题。曲晓玮认为,图书馆迫切需要一套成熟完善的捐赠管理机制,使社会捐助在有效透明的监督下合理运作和使用。王蕾认为,现阶段我国地方性、系统性的图书馆法规中缺乏对图书馆经费的管理、监督、控制实质性的规定。石劲松认为,国家捐赠程序繁杂,操作成本较高,使得大量有捐赠意向的企业望而却步。

1.2 图书馆筹集经费的优势

(1) 图书馆是公益文化事业单位,具备吸引社会捐款得天独厚的先天条件。公共图书馆作为公益文化单位,承担着公共文化服务的职能,为构建和谐社会提供思想文化基础。可以说,构建和谐社会,成为公益性捐赠主体与图书馆事业共同的价值追求。所以,社会捐助图书馆具有一定的必然性。

(2)企业具备良好的经济基础。“巧妇难为无米之炊”,企业开展公益性捐赠一方面靠社会责任感,更重要的是必须有良好的物质基础支撑。近年来,各地经济呈现又好又快发展态势,经济实力的日益强大,为企业开展公益性捐赠提供了最直接的可能和动力。

(3)慈善事业开始培育并发展。相关的法律、法规和政策等各项规章制度正逐步完善,如《中华人民共和国公益事业捐赠法》、《基金会管理条例》、《中共中央关于构建社会主义和谐社会若干重大问题的决定》、《国民经济和社会发展第十一个五年规划纲要》、《关于支持文化事业发展若干经济政策的通知》、《企业所得税法》等一系列的文件出台,都激发企业捐赠文化、教育等公益事业的积极性,图书馆寻求企业公益性捐赠的社会环境越来越好。

(4)图书馆筹资观念逐渐改进。“国家办馆和社会办馆相结合”是图书馆事业建设的原则之一已经被广泛认可,业界开始思考,主动适应社会经济和文化的发展需要,面向市场积极行动,争取社会支持援助已经提上日程。

1.3 图书馆获取捐助的方法和途径

(1)争取政府的大力支持,这是图书馆获得社会资助的关键。政府可通过制定有关政策与法规,激励、引导个人、社会团体向图书馆捐资。

(2)主动组织策划社会资助活动。“机会总是青睐有准备的人”,公共图书馆应该通过自身主动作为,引导、激发企业公益性捐赠的意愿,以期获得企业公益性捐赠。

(3)注重发挥典型人物的示范作用。图书馆需要加强宣传工作,将向图书馆捐资的典型人物推向社会，把他们的典型事迹在社会上广为宣传，让社会公众向他们学习，效法他们的行为。

（4）树立良好的图书馆形象。所谓“有为才有位”，要得到社会的关注与支持，公共图书馆必须打好“服务”这张牌。利用自身丰富资源，为读者提供优质服务，回馈社会，为公共图书馆事业培育潜在援助者。

（5）加强与慈善机构的合作。相关法律规定，社会力量须通过国家批准成立的非营利性的公益组织或国家机关对宣传文化事业的捐赠，才能纳入公益性捐赠免税范围。因此，在当前条件下，非营利性的公益组织或国家机关是图书馆获取企业公益性捐赠的主要渠道。图书馆要与这些组织保持沟通和联系，及时掌握资讯，丰富获取捐赠的渠道。

（6）建立图书馆基金。成立公共图书馆基金会是解决公共图书馆目前存在困境的一条有效途径。邵友亮先生认为图书馆基金会是发展我国图书馆事业措施之一；李惠明、田力斌认为建立图书馆发展基金会是保证经费来源的一个重要途径。通过建立图书馆发展基金会来有效地吸引和管理来自社会的各种捐赠，是摆在我们图书馆界面前的一个新课题。

1.4 国外图书馆筹款的经验

主要经验有：建立图书馆基金会、成立图书馆之友、举办大规模的募捐活动、增设服务项目、投资产生利润、制定各项优惠政策、馆长职责驱动、有完善的发展规划等，这些国外图书馆筹款的经验给我国的图书馆开展募捐提供宝贵的借鉴。

2 抗震救灾的回顾与思考

2.1 全国范围抗震救灾的回顾与思考

据民政部报告，截至 2009 年 4 月 30 日，汶川地震全国共接受国内外捐款659.96亿元,这个庞大数字说明了此次募捐的极大成功,其背后的经验不可不学。其中的成功因素主要是宣传,包括宣传的范围和策略。首先是宣传的全方位。在震后两周的关键时段,各类媒体如电视台、网站、电信、广播、报纸等把关注的焦点全部转向了"赈灾",特别是网络、移动通信等新兴传播载体将触角伸到了更多空白的空间。这种强大的舆论宣传将抗震救灾的信息传遍全国的每一个角落,传遍全世界,紧紧地吸引了全国全世界人的注意力。然后是宣传策略的运用。各家媒体单位都不约而同地公开捐款数额,凸显榜样力量。这从不同程度、不同方向地刺激了公众的神经,对捐款者和捐款单位本身来说,形成了一种巨大的舆论压力,在灾后急需社会各方伸出援手的紧要阶段,这种方式起到了不可估量的作用。

2.2 图书馆行业抗震救灾的回顾与思考

在全国范围抗震救灾的大背景下,灾区同时进行着对口行业的抗震救灾行动。笔者以图书馆学会网站及图林博客圈为主要网络资源搜集范围,辅以学术期刊上相关文章进行分析认为,此次图书馆人抗震救灾的实践给图书馆事业史留下浓墨重彩的一笔。其特点如下:(1)捐助规模空前强大,图书馆精神焕发光彩。全国由上至下从国家级中国图书馆学会、教育部高等学校图书情报工作指导委员会到各省、市、甚至县级相应专业组织都伸出援助之手,从慰问信到倡议书,从捐物到捐钱,从执行命令到志愿参与,大家都献计献策,整个图书馆界涌动着爱的暖流,共同的职业情感把大家拉得很近很近,图书馆事业的凝聚力体现得淋漓尽致,图书馆精神再现魅力。(2)图书馆人组织的民间力量独树一帜。程焕文、史超同志以个人名义发起了名为"图书馆家园"的援助计划,成功筹集一百多万的资金,并招募四百多名志愿者。这是图书馆人自己号召并组织起来的民间力量,这种力量的出现,是图书馆事业发展的又一标杆,从实践上提供了图书馆募集资金的宝贵经验,并极大地激发了大家发展图书馆事业的信心。(3)面向国外募捐,开创筹资新思路。此次抗震救灾,图书馆的同仁把视线转向国际,积极策划组织向国际相关机构募捐,成功地获得荷兰 Claus 王子基金会文化紧急响应项目提供的 12 万欧元(EUR 120 000) 资助,以帮助四川北川重建书库。这次募捐的成功是图书馆人合作的典范,是灾区图书馆募捐的突破,也是图书馆事业募款的一次创新尝试,意义深远。

3 吸引社会力量促灾区图书馆建设的建议

从以上的分析可以看出,灾区图书馆筹集资金,争取社会援助,必须避免走入误区,要解放思想,敢于创新,广开思路。因此笔者提出以下几点建议。

3.1 争取各级各类政府机构、新闻媒体及图书馆专业组织的支持至关重要

图书馆在整个社会上的认知度还有待提高,如果以单个图书馆作为募捐的主体未免有点势单力薄。所以图书馆资金的筹集少不了各级各类的组织单位的号召和呼吁。首先是政府各部门,它们所具有的权威性和影响力是独一无二,无可替代的。其次,是各种新闻媒体,它们是信息的传声筒,传统媒体如电视台和广播台,它们的宣传几乎可以达到家喻户晓;新兴媒体如网络,可以填补传统媒体的不足,将信息传到更远更深的范围,发挥意想不到的宣传效果,是不容忽视的。再次,是图书馆专业组织,如图书馆学会、高校图工委等,它们的指导策划具有专业性,突出图书馆的特色,有利于吸引社会资金。综观社会各项募捐活动,都是政府牵头,广泛动员,各新闻媒体充分发挥舆论宣传优势,专业组织呐喊助威。如此多管齐下,募捐活动才能成效显著。

3.2 争取民间力量不遗余力

在今天这个时代，各种民间力量蓬勃发展、方兴未艾，它作为政府和市场之外的“第三种力量”，有能力、也有愿望承担更多的社会责任。他们能广泛动员社会各种力量、聚集民间资本。这些民间力量犹如星星之火，可以燎原。

3.3 主动募集思想不容置疑

目前图书馆绝大多数是被动接受捐赠，这种等着天上馅饼的消极方式不利于吸引社会的注意力，从而也使资金的筹集效果大打折扣。在国外图书馆，主动募集资金已经成为共识。灾区图书馆建设应该主动出击，以立足国内，放眼世界的眼光，积极策划筹款活动，激活潜在捐款对象，主动谋求社会力量的支持。北川图书馆成功申报荷兰文化应急基金会项目，标志着灾区图书馆人向着主动募集的方向迈出了可喜的一步。

3.4 媒体宣传不可或缺

美国传播学研究者麦康和肖提出的“议程设置理论”认为，公众通过媒介知晓事件或问题，依媒介提示的角度思考，按照媒介对各种问题的重视程度来调整自己对这些问题重要性的看法，或者说媒介对某一事物的强调程度同公众对同一事物的重视程度构成正比关系。由此可见，灾区图书馆建设一定要重视宣传，它是募捐成功的关键要素。宣传力度越大，获得公众的重视程度就越高，得到的资助可能性就越多。灾区图书馆应该将恢复重建的规划、建设进程、遇到的困难、图书馆资金使用状况等信息及时公开，让社会了解灾区图书馆建设的动态，吸引公众的注意，从而获得社会力量的资助。

3.5 管理模式改善刻不容缓

图书馆的社会捐助需要一套成熟完善的管理机制，使社会捐助得到公开、有效的管理。但目前图书馆尚缺失这方面的管理，凸显图书馆管理的滞后。灾区图书馆管理模式应该与时俱进，改进管理机制，拓展管理职能，如图书馆捐赠经费的管理监督机制、图书馆志愿者的管理、图书馆公共关系管理、图书馆部门设置、职责的延伸（包括捐赠人员和岗位的落实、领导管理职责的丰富等）等。因此，建立一个公众可信赖的管理模式，是图书馆寻求社会资助的坚实后盾。

4 结语

如何让灾区重建图书馆不缺位，灾区发展图书馆不掉队，是值得我们每个图书馆人认真思考的问题。随着社会的迅猛发展、经济实力的逐步增强和个人财富的累积，图书馆可获得的社会支持力量也在逐渐壮大，社会捐助呈现出越来越大的市场空间。因此，灾区图书馆一方面努力做好本职服务工作，以良好的绩效赢得政府等主要出资机构的信任；另一方面应该努力开展公关活动，将恢复重建的实际情况展示于公众面前，宣传自身，和公众多进行互动式沟通，争取最广泛的支持。

参考文献

1 张白影. 图书馆的社会援助. 中国图书馆学报, 2001(1)

2 杨玉麟. 关于“社会力量参与图书馆建设”若干问题的思考. 图书与情报, 2008(1)

3 曲晓玮,陈燕莉. 散论图书馆的社会募资. 图书馆杂志, 2005(2)

4 王蕾. 浅议我国图书馆经费监督机制及其立法. 图书情报工作, 2005(3)

5 吴伟. 慈善捐赠、公共物品的自愿提供与非营利组织. 财经理论与实践, 2007(4)

6 曲晓玮. 我国图书馆社会捐助的缺失分析. 图书馆论坛, 2005(6)

7 石劲松. 当前公共图书馆获取企业公益性捐赠浅析. 贵州学刊, 2007(4)

8 温敬朋. 非营利组织视角下图书馆所面临的机遇和挑战. 图书馆理论与实践, 2005(5)
9 石晓琴. 社会资助与图书馆建设. 图书情报知识, 1997(3)
10 李琼. 公共图书馆寻求社会援助之探讨. 当代图书馆, 2006(2)
11 廖腾芳. 不在意资金、捐赠资金与乡村社区图书馆经费的补充. 农业图书情报学刊, 2007(2)
12 梁震戈,王文君,张丽君. 高校图书馆争取社会捐助工作的思考. 河北师范大学学报(哲学社会科学版), 2004(4)
13 胡蒙蒙. 公共图书馆基金会刍议. 浙江高校图书情报工作, 2008(3)
14 杨岭雪. 关于建立图书馆发展基金会的思考. 大学图书馆学报, 2004(5)
15 邵友亮. 图书馆基金会——发展我国图书馆的举措之一. 图书情报工作, 1996(4)
16 李惠明,田方斌. 经费短缺:图书馆面临的困境与抉择. 图书情报工作, 1998(1)
17 毕吕贵. 美国图书馆筹集资金的途径与方法. 江苏图书馆学报, 1992(4)
18 梁震戈,王文君. 美国高校图书馆争取社会捐赠对我国高校图书馆的启示. 现代情报, 2005(12)
19 张红扬,戴龙基. 美国大学图书馆向私人募资的背景、操作办法及特点. 大学图书馆学报, 2000(1)
20 朱琳. "捐款门"事件的舆论学分析与反思. 新闻采编, 2008(5)
21 夏敏. 地震灾区图书馆工作思考. 科技情报开发与经济, 2008(28)
22 http://www.lsc.org.cn/CN/EarthquakeDonation.html
23 http://q.blog.sina.com.cn/library

发挥行业组织优势，援助灾区精神家园重建

邱燕红（北京西城区图书馆）

“5·12”的汶川8级地震给当地的人民带来了巨大的灾难。人人惊愕悲恸难抑，全国上下都牵挂灾区人民的灾情和灾后重建工作，各界人士纷纷慷慨解囊，以各种方式帮助灾区人民重建家园。作为人类精神家园的图书馆，更是大灾大难后，灾民寻找精神寄托的港湾。抗震救灾中展现出来的人性光辉和不屈不挠的精神，更唤起了作为精神家园守护者的图书馆人的社会责任感。

1 灾害无情人有情

西城区图书馆管理协会积极组织协会会员向灾区捐款，并以社会组织的名义向地震灾区捐款，党员会员又另外交了特殊党费。这些钱尽管微薄，但是涓滴之水，终能汇流成河，西城区图书馆管理协会会员们的爱心善举一定能够汇成爱的暖流，流进灾区人民的心田。

地震后，我们始终联系不到北川县图书馆馆长李春，心中非常不安。通过各种途径积极联系和查找，在地震的第4天终于传来了好消息，李春馆长找到了，我们立刻将这一好消息转告所有关心李春的图书馆界同仁。被掩埋在残垣断壁之中75个小时后，李春终于被江苏消防官兵救出，先后住进绵阳中心医院、成都华西医院，现在又被转入南京东南大学附属中大医院。每到一家医院，我们都积极联系当地的图书馆同仁和领导去看望李春，并表达最诚挚的祝愿，希望她

能早日康复。

我们相信在党和各级政府的领导下，全中国人民团结奋战，全中国图书馆人同心协力，一定能战胜灾难，重建家园！

2 积极参与灾后图书馆重建工作

地震后，虽然每天都从电视、网络、报纸了解灾区情况，但没到灾区，就不能切身体会地震给人们带来的巨大痛苦。借参加中图学会2008年重庆年会的机会，西城区图书馆管理协会考察了绵阳、汶川等地图书馆。一路上地震留下的残垣断壁，不禁又让人想起地动山摇、撕心裂肺的那一刻。对口支援城市的建设者们热火朝天地重建家园，灾区处处涌动着无限生机、活力和希望。地震后，一份份特殊的爱，从全国各地汇聚到了这里。

2.1 免费构建图书馆“一卡通”系统

西城区图书馆管理协会协助全国中小型公共图书馆联合会为四川绵阳地震灾区和全国贫困市南充的图书馆免费构建图书馆“一卡通”系统，为地震灾区精神家园的建立提供便捷的服务。图书馆“一卡通”在北京市推行了6年多，通过实践证明，这种通借通还的服务方式促使图书馆从传统服务向现代服务的转变，开创了“资源共享、联合服务、整体发展”的新局面，切实保证了公民平等享有基本的文化权益，更为公共图书馆发展带来了新活力。我们以强烈的社会责任感和无私奉献的精神，希望通过图书馆“一卡通”的推行来帮助灾区群众重树信心，给予他们心理援助，发挥文化安民的积极作用。

2.2 为灾区图书馆捐赠图书流动车

为使受灾地区的所有群众都能享受到精神文化，西城区图书馆管理协会积极联系海外国际友人、爱国人士、国内的各出版机构和个人，为灾区图书馆捐赠图书。经过不断努力和多方的沟通，通过国务院侨务办公室与香港祖国出版社取得联系，在赵泰来博士的大力支持下，香港祖国出版社出资百万元，为灾区捐赠图书流动车3辆，分别赠送给绵阳市、广汉市、北川县图书馆，并为每个流动图书车配备2000多册图书，支援灾区图书馆开展送文化、送图书流动服务，让更多的精神家园开到灾区老百姓的家门口。

借助图书流动车这种流动的图书"载体"，将精神文化送到广大受灾严重、又无法及时建起图书室的地区，也为当地居民提供有针对性的服务，既延伸了图书馆的服务，又拓展了图书馆的空间，更为当地居民提供了很好的心灵交流机会。

2.3 捐赠大型国史丛书——《当代中国》

为庆祝中华人民共和国建国60周年，当代中国出版社与香港祖国出版社联合重印出版了大型国史丛书——《当代中国》。该套丛书汇集了建国以来尤其是改革开放30年以来各个领域的重大成就、历史资料、人物、划时代事件，分政治、经济、军事、文化、教育等各个领域，共分211册。

在西城区图书馆管理协会的积极努力下，香港祖国出版社决定借向祖国60周年献礼之际，为灾区的多家省、市、县级图书馆捐赠此套大型丛书，让灾区的人民全面了解中国改革开放带来的翻天覆地变化。这套丛书记载了中国凤凰重生，展翅飞翔的历史，更能激励灾区人民发扬不屈不挠的民族精神，克服重重困难，重建家园。

3 图书馆灾后重建的反思

在这片曾经化为废墟的土地上，正逐渐展现出新的生机，但地震中受伤害的一幕幕不会使人忘却。在经历强大的地震后，我们冷静反思图书馆的灾后重建工作的艰巨。西城区图书馆管理协会在支援灾区重建的过程中认识到,灾后图书馆的重建工作应该考虑多个方面。

3.1　公共图书馆应成为救灾避难的场所

公共图书馆是人们学习、交流、活动的场所,是人员密集的地方。在发生重大灾难时公共图书馆应该成为人们紧急避难的场所,为紧急疏散避难和缓解市民紧张不安的情绪发挥作用。这场特大地震后,许多图书馆的宽敞空间就为避震的市民提供了场所,所以图书馆应该在灾后重建中考虑抗震、安全疏散通道等问题,并纳入到国家的救灾避难计划体系中。

3.2　加强政府信息公开前沿阵地的建设

《中华人民共和国政府信息公开条例》于 2008 年 5 月 1 日起施行,条例明确规定各级图书馆和档案馆应开设政府信息查询服务。在电子政务环境下,公共图书馆越来越成为公众与政府之间至关重要的桥梁。

他山之石,可以攻玉。国外图书馆在开展政府信息公开服务中有许多成功的做法与经验,非常值得我们借鉴。2005 年—2006 年的美国飓风灾害期间,路易斯安娜、密西西比、得克萨斯、阿拉巴马及佛罗里达等州的许多公共图书馆都扮演了紧急信息中心和灾害顾问的重要角色。

图书馆作为政府信息公开的前沿阵地,在大灾大难面前更要承担自身的社会职责,成为民众获取最新最全的政府信息、地震灾情的重要渠道,成为灾民寻找失散亲人的信息中心,为灾区重建提供信息保证。面对海量的政府信息,公共图书馆应发挥自身的专业优势,对收集和接收的政府信息进行科学的组织、专业化的整理、深度的揭示、长期的保存,以方便公众检索利用。

3.3 提供推送服务，增强公民防灾减灾意思

此次地震折射出我们在防灾减灾方面的教育问题。在日本等地震和其他灾情常发的国家，学生和市民经常接受如何应对突发灾难的教育，在地震等灾情突发面前，他们能够迅速保护自己，应对灾难，减少损失。

亲历地震后存活下来的人们，都面临巨大的心灵创伤和无法平复的阴影，甚至有人出现严重的灾后心理障碍。作为精神家园的守护者，我们可以为他们“推送”有关心理咨询和缓解紧张情绪的书籍，让灾区的人民早日走出地震的阴霾，充分发挥图书馆组织社会资源应对公共突发性事件的核心作用。我们无法改变自然规律，阻止地震等灾害的发生，但可以通过我们有效的工作，将灾害带来的损失降到最低。

3.4 保证图书馆收藏民族文化遗产的完整性，建立古籍抢救、修复、培训基地

有“天府之国”美誉的四川，是一个人杰地灵、人才辈出的地方，为中华文明的发展作出重要贡献。四川又是一个多民族的省份，是全国最大的彝族聚居区、第二大藏区和唯一的羌族聚居区。深厚的历史文化底蕴，积累了大量文献典籍，使这片神奇土地拥有古籍文献300余万册，但由于四川属于亚热带气候，容易引发霉变、虫蛀等，目前四川地区的古籍文献的破损率达到70%以上。因此，抢救和保护古籍文献已成为当今文化遗产保护工作的重要内容。汶川五月，这场人类地震灾害，使原来的古籍文献抢救和保护工作更加雪上加霜，地震灾害加剧了基层图书馆的古籍文献的酸化、脆化、虫蚀、鼠咬、受潮、霉变，更造成了书页脱落、残破、毁损的现状。所以应抓紧建立古籍抢救、修复、培训基地，凭借“三星堆”文化之祥光，为灾区免费培训一批古籍抢救、修复人员，解决对灾区古籍文献的抢救、保护问题。为此西城区图书馆管理协会提交了第二届中国发展市场“汶川地震

灾后重建项目”项目建议书，希望聚集全国古籍保护、修复方面的专家学者和我们一同为地震灾区的古籍抢救而努力，响应中央提出的“加强对各民族文化的挖掘和保护，重视文物和非物质文化遗产的保护，做好文化典籍整理工作”。

3.5 特色数据库建设

图书馆在建设特色数据库方面具有不可推卸的责任，既要抢救挖掘可能找到的珍贵资料，又要对地震后到处涌现的抗震救灾动人场面及时记录。这既可以对世人进行灾难教育，又可供社会各界从不同方面来总结今后应对类似这种自然灾害的办法。

爱是一条河，永远奔流不息；爱是一座桥，把灾区和全国人民紧紧连在一起，再大的灾难都无法阻止我们携手前进的脚步。西城区图书馆管理协会愿意发挥行业组织的优势，为地震灾区的灾后重建工作牵线搭桥，为灾区精神家园的重建尽微薄之力。

参考文献

1 李国新，于良芝. 公共图书馆与政府信息公开. 中国图书馆学报，2008(3)
2 刘家真，程万高. 古籍保护与开发的策略与建议. 中国图书馆学报，2009(3)
3 李茁. 新时期图书馆现代会发展策略初探. 图书馆工作与研究，2009(5)

汶川地震中的图书馆危机应对网络构建研究

燕　辉(西北工业大学图书馆)

1　问题的提出

2008年5月12日汶川大地震的爆发骤然打破了人们原本安稳有序的生活,不计其数的人们流离失所。从灾后的统计数据可以看出,这场死伤无数、地理环境遭到恶劣破坏的自然灾害对灾区造成的影响短时期将难以消磨。作为承担着传播人类文明、开展社会教育等职责的图书馆,也在灾害中未免于幸。灾区图书馆人在灾害中积极开展自救和他救的工作,在危难时刻仍不忘履行自身的职责,无论是抢救珍贵书籍、互助逃离灾害现场,还是在余震仍频发的灾区建立起一个个的临时图书馆、流动图书馆或者读者书屋,都无时无刻体现出了图书馆人的一种精神和勇气,是一种势必会更好、势必要坚强的不离不弃的可贵的精神。同时,社会各界自发地或有组织地对灾区开展援助和扶持工作,港澳台、海外地区的图书馆同仁、图书馆学协会、图书馆志愿者等对灾区的图书馆积极予以关心和支持,结成了强大的图书馆危机应对网络,任何个人、团体、组织等都成为这个危机应对网络上的一个个重要的支点,正是这些力量的汇聚协助灾区图书馆渡过难关,顺利开展灾后重建和恢复工作。

危机应对网络对危机管理工作开展的重要性不言而喻,一般意义上的危机管理都强调危机爆发前的预防、预测和准备工作,也就是说,危机管理工作的开展以及本文要探讨的危机应对网络机制都是属于事前预设行为。而对于汶川地震来说，所有的预防和预测工作都显得如此的力不从心，更何况对于图书馆而言，很多单位根本就没有制定详细的灾害应对计划，或者说没有强调和重视这一方面的内容。在这种情况下，灾害造成的影响只会更大。

本文试图从危机管理的角度对此次汶川地震爆发后图书馆同仁所开展的危机应对和灾后重建工作予以分析，通过分析危机应对系统的几个主要组成部分及其行为特征，来凸显危机管理过程中危机应对网络构建的重要性，并期望借此具呈图书馆人在灾害面前团结互助的精神和力量。同时，图书馆同仁对灾区图书馆的援助和协助工作也加快了灾区图书馆的恢复和重建工作，作为同仁，我们更是倍加关注灾区图书馆的受灾情况、灾害应对和灾后恢复工作。作为基础文化设施建设的重要组成部分，图书馆的恢复和发展，反过来也能更快地促进灾区的恢复和重建工作。

2　理论与可能：危机管理的一般思路

在分析汶川地震中的具体危机应对网络的形成之前，需要对危机管理的一般思路有一个大概的认识，通过对危机管理一般思路的分析，我们或许可以更为了解危机管理中构建危机应对网络对于有效地开展危机管理所具有的重要性。

2.1　危机管理的一般周期理论

一般意义上的危机管理是一项细致而复杂的工作，从危机管理计划书的制定到危机实践培训，危机应对计划以及危机后的恢复和重建工作，其中危机管理计划构成了危机管理系统的重要组成部分，是图书馆危机管理行动的总的纲领性文件，制定危机管理计划的过程也是组织内部工作人员危机意识形成并发展的重要阶段。正如阿德里安娜·缪尔(Adrienne Muir)和萨拉·席里顿(Sarah Shenton)所主张的:灾害管理计划是灾害管理的核心组成部分,一个到位的危机管理计划能在很大程度上确保危机发生后各方面及时有效的行动。[1]

危机管理计划的重要性不言而喻,而危机管理计划的制订是需要根据危机的周期性特征和每一个周期的任务来严密敲定。关于危机管理的周期性理论,各个专家学者都有自己不同的见解,如罗伯特·希斯(Robert Heath)提出危机管理 4R 模型,即减少(Reduction)、预备(Readiness)、反应(Response)、恢复(Recovery)。[2]而危机管理专家米特罗夫(Ian Mitroff),他认为危机管理可分为五个阶段,即信号检测、探测和预防、控制损害及恢复阶段。[3]英国 M25 图书馆联盟灾害管理小组将危机管理过程划分为危机组织阶段,危机准备阶段,危机反应阶段以及灾后的恢复重建阶段。[4]这四个阶段的划分一目了然,呈现了危机管理的发展周期和特征。

因各个研究者的研究视角以及关注范围不同,故对危机管理阶段的具体界定有所不同。一般来说,不论何种危机管理理论,大致来讲都遵循着这样三个步骤,即危机前的预防预测准备工作——危机爆发后的应对工作——危机之后的恢复重建工作。这三个部分组成了一般意义上的危机管理过程,其中危机前的预防、预测工作对于危机管理来说具有不可低估的重要意义,这是组织或者个人能否在危机爆发之后从容应对的重要基石。《左传·襄公十一年》中有语云:“居安思危,思则有备,有备则无患。”这里头就包含了很强的危机预防意识,这是危机管理管理工作开展的重要前提。罗伯特·吉尔(Robert Girr)曾言:“危机研究和管理的目的就是要最大限度地减低人类社会悲剧的发生。”[6]如果通过积极的预防预测工作能够有效地达到阻止危机发生的效果,那自然是危机管理的理想状态。而实际情况是,许多危机无法进行准确预测,即便是预测到危机将要发生,如何将这种危机信息正确发布而不至于扰乱社会正常秩序、引起人们的危机恐慌,这中间也有一个不好跨越的横沟。因此对于许多灾害事件来说,很多事情是从灾害爆发的那一刻开始才开展的,或者甚至由于灾害过于猛烈,人们的反应甚至要受到心理恐慌等因素的限制,并影响了灾害救助的时机。因此灾害之后的反应和应对工作具有极其重要的作用,而人们在灾害和反应过程中的行为的有效性则取决于很多方面的内容,这其中一方面就来自灾前人们所接收到的危机管理思想、所开展的危机准备工作,所具备的危机应对常识,因此可以说,灾前的这些工作属于我们上面所强调的危机前的预防工作之一,甚至包括对危机管理计划的演练和培训,也会在无形之中增加人们的危机意识和危机敏感度。而我们的实际情况却是,很多单位、具体到图书馆却很少开展甚至忽略了这一方面内容的组织和培训,安逸的环境麻痹了人们的警惕性,直到灾害真正来临时,人们才恍然大悟,慌忙逃生,这比有准备状态下的危机应对要被动很多。

2.2 危机应对网络的构成主体与意义

危机管理过程是一个群策群力的过程,某个单位受灾或者说某个地区受灾,这一单个的组织或者地区不可能单独完成所有的灾害应对和灾后恢复计划,相反,只有得到更多组织或者援助计划的支持,才能更好地开展灾害应对和灾后恢复重建工作。这一过程则就是危机应对网络的形成过程。正如希瑟·曼塞尔(Heather Mansell)所说的,危机管理的过程没法单独展开,通过广泛地寻求意见和帮助能够便利危机管理的这一过程,管理良好的交流策略就晓得尤其重要。[7]灾害的破坏性越大,危机应对网络的参与主体就越多,这是一个因事而异的过程。

从一般意义上来分析,危机应对网络的构成主体大致可以分为:(1)直接受灾害影响的组织或者个人。这一主体在灾害过程中可以开展自救甚至他救的工作,在外部力量到达之前或者协助外部援助力量展开灾害应对工作。(2)利益相关人。这一部分主体与受灾组织或者个人有业务等方面的往来,在灾害过程中受灾程度相对要小一些，因此有相对充足的时间和资源来援助受灾主体。(3)受灾主体的上层组织机构，如行业学协会，所属的文化系统等，在灾害爆发后必然会采取一定的行动来支援灾区。(4)自愿者团队。志愿者可能是单独行动或者是自发组成地有组织有行动计划的志愿者队伍，这些志愿者队伍相对大范围的援助计划要灵活很多，具有很强的针对性。(5)国家意义上组织机构组成的灾害应对主体。汶川地震中党中央国务院大力派遣军队等救援队伍、派发大量的救援物资，对灾区进行了大面积地、系统地救助，成为灾区恢复重建工作的坚实后盾。(6)其他地区其他组织机构对灾区提出的援助计划等。

理论的预设固然重要，但却不是万能的，实际上并不存在、或者很少存在这样一个四平八稳的危机管理计划，可以将危机发生的所有状况都成功控制在这一计划之内。所有的行动都要直到危机真正爆发之后才能见分晓，都需要根据灾害的实际情况灵活进行调整和修正。可以说，灾害爆发之后的危机应对行动，很大程度上都是人们凭着常识或者一般意识去开展的，有组织有秩序的危机应对工作则需要更强有力的权力调度来展开。

3 汶川地震中的图书馆危机应对网络构建与解析

对于汶川地震来说，所有的理论预设都成为空文，危机应对网络的建构需要在灾害爆发之后白手起家，一步步构建起来，除了灾区人们的自救和他救工作，更需要全国乃至世界各地的援助和支持，这些援助方构成了危机应对网络的重要组成部分。这一过程少了预期的系统性和有序性，多了随意性和自发性，但其起到的作用却同样极其重要。

3.1 灾区图书馆的自救与他救

对于灾区图书馆同仁来说，在地震来临之后，他们的几个行动如下:(1)逃生:这一过程包括自救与他救(生命方面),生存成为第一要务,然后才能言其他;(2)资源抢救:作为图书馆人,日积月累的职业道德、职业习惯以及公德心等都促使了他们在灾害爆发后仍不忘坚守岗位,将书籍等资源视为生命,并期望能在条件极为有限的情况下最大化地利用这些资源,体现了图书馆员可贵的精神和勇气,这与其平时所受的职业熏陶和影响是分不开的;(3)与外界保持联系:信息沟通在危机管理中具有极其重要的地位,只有通过与外界积极取得联系,将所遭受的损失、所处的境地等信息及时予以发布,才能争取及时而有针对性的援助。

此次地震中受灾严重的几个图书馆如北川县图书馆、广元市图书馆、什邡市图书馆、青川县图书馆、汶川县图书馆、阿坝师专图书馆、安县图书馆等,都在地震当中遭受了极为严重的损坏,但这些图书馆同仁在地震之中仍坚守自身的职责。广元市图书馆在地震中馆舍建筑遭到严重的损坏,馆员全部都住在图书馆前面的临时帐篷内办公,以馆为家,办理读书借阅服务,并利用文化共享工程提供的视频资源,为普通民众放映电影,此外广元市图书馆还在活动板房社区设立了爱心书屋,成为灾区的一个重要文化标志。

3.2 民间抗震救灾慈善项目——图书馆家园:援助图书馆人计划

"图书馆家园:援助图书馆人计划"(Library Family: A Program of Earthquake Aid for Librarians)是由程焕文馆长、史超董事长于2008年5月21日共同召集、全球范围超过400余名图书馆人志愿者共同发起的一项民间抗震救灾慈善项目,旨在长期援助汶川大地震受灾的图书馆人,以重建民众的精神家园——图书馆。"图书馆家园"计划通过成立捐款志愿管理团队,对捐款资金进行有效管理,并收集汶川地震受灾图书馆人和图书馆的信息,确定定向援助对象,制订援助方案,并通过有效途径直接和及时地将捐款送到每个受灾图书馆人的手上。这一计划虽然是在时间十分紧凑的情况下出炉并实施的,但其惠及的受灾图书馆和图书馆同仁却是不容忽略的，可以说，这一计划是中国图书馆人在汶川地震中所自发发起的一项有序而系统的计划，这一计划聚集了国内外图书馆人的力量和关切，部分资助甚至是长期而持续的，为灾区图书馆同仁渡过难关提供了至关重要的帮助。[7]

"图书馆家园：援助图书馆人计划"从发起、募捐、征集形象设计图案、印刷《图书馆家园：援助图书馆人计划》宣传册直至计划到奔赴灾区第一线实施援助计划，这中间所用不到一个月时间，其行动之迅速、灵活，为灾区图书馆人渡过最初困难时期起到了不可估量的作用。

3.3 全国各地、港澳台及海外图书馆同仁的支援

虽然地震中全国其他城市也受到了不同程度的冲击和损坏，但面对重灾区，全国各地的图书馆同仁一致同心协力，对灾区图书馆展开了援助。国内图书馆通过捐款捐物或者自发组成志愿者队伍前往灾区开展援助等行动对灾区图书馆的重建贡献出他们的力量，如文化共享工程广东省分中心对汶川图书馆提供业务培训，根据汶川图书馆的实际情况和现实要求，广东省分中心邀请汶川图书馆的所有员工(共 4 人)分两批来馆培训，培训时间分别为两周，广东省分中心承担来回车费、食宿费等费用。[8]这为灾后灾区图书馆的恢复重建工作提供了一定的指导和帮助；而国家图书馆则在地震爆发之初便积极开展向汶川地震灾区捐赠衣被活动，并与中国图书馆学会联合举办了《大震不屈 大爱无疆——赈灾重建：图书馆在行动》的专题展览并组织巡展，为灾区图书馆的建设作出贡献。此外，全国其他各地的图书馆都纷纷开展了募捐活动，为灾区图书馆的建设献上自己的爱心。

台湾地区图书馆同仁高度关注赈灾进展，积极加入到"图书馆家园计划"中来，成为图书馆援助计划的重要组成部分。而香港、澳门

等图书馆的馆长、馆员等纷纷送来个人以及所募集的同仁的捐款，将之送至图书馆家园计划发起者的手中，并通过各种途径积极宣扬图书馆家园计划，通过各种形式将他们的关切和爱心传达到灾区人们的手中。

此外，身在海外的图书馆同仁也对汶川地震中的受灾图书馆表达了深切的关怀，通过捐款、筹备申请海外灾后重建基金等形式为灾区图书馆的建设做出自身的贡献，他们也是此次灾害应对主体的一个重要组成部分，不论其身在何处，他们心系祖国、心系图书馆生存发展的愿望值得我们铭记。

3.4 行业学、协会在灾害应对中的行动

在汶川地震爆发后，中国图书馆学会积极发布《中国图书馆学会抗震救灾，重建家园倡议书》，号召所有图书馆人以及“所有关心支持中国图书馆事业的企业、机构、社会组织和个人”积极行动起来，以不同的形式贡献自己的一份力量。此外，中国图书馆学会成立由抗震救灾领导小组，负责募集钱物，征集重建良策，筹划、实施援助方案，沟通、发布相关信息等工作，及时在学会网站上发布国内外同仁等对灾区的捐助和慰问信息。学会并先后慰问、救助灾区馆员，向受灾馆员发放了慰问款；并受美国华人图书馆员协会(CALA)委托，向32位馆员发放了慰问款10 000美元；此外，中国图书馆学会向文化部递交了灾后重建的建议，与中国地震学会等合办《地球灾害防治科普展》，通过学会网站多角度、全方位地关注抗震救灾中的图书馆行动。在年会期间组织了“赈灾重建”专题报告，并与国家图书馆联合举办了《大震不屈 大爱无疆——赈灾重建：图书馆在行动》的专题展览并组织巡展。[9] 四川省图书馆学会在地震以后为各地图书馆统一颁发“阅读的乐园”的标牌，更昭示了图书馆在抗震救灾中发挥着民众精神乐园的重要作用。

此外，港澳台图书馆学会也积极行动参与到灾害应对计划中来，

台湾图书馆学会向灾区捐款,并在其学会网站上设立了专栏来转载和宣传图书馆家园计划的行动,吸引了更多志愿者的参与;此外,厢房图书馆会学以及澳门图书馆暨资讯管理协会同仁和朋友也先后参与到图书馆家园计划当中来,并对家园计划进行了宣传报道。

图书馆学协会是图书馆发展的桥梁和纽带,是发展我国图书馆事业的重要社会力量,在抗震救灾活动中起着重要的号召作用,以各自的形式集结了国内外图书馆同仁的力量,成为协助灾区图书馆同仁渡过难关、开展灾后重建工作的重要支柱。

3.5 上级组织机构在灾害应对中的行动与文化共享工程

地震发生后,党中央国务院领导全国人民万众一心抗震救灾,因为受灾地区面积过于广泛,虽然没有专门地对受灾图书馆进行援助,但灾区图书馆同仁也在这一过程中受益匪浅。此外,中宣部、总参等机构为灾区图书馆赠送了崭新图书,成为灾区图书馆在灾后恢复开展图书馆基本服务的重要资源依据,也为灾区人民提供了重要的精神食粮。

此次地震灾害中起着重要作用的是由文化部,财政部组织并实施的“全国文化信息资源共享工程”(以下简称“文化共享工程”),文化共享工程是我国公共文化服务体系的基础性工程、创新工程和惠民工程,这一旨在利用先进科技手段传播、建设先进文化的大型的公益性的文化网络进而实现优秀文化信息资源在全国范围内的共建共享、满足广大人民群众日益增长的文化需求、整体提高文化资源的利用率的工程为灾区人们渡过难关提供了重要的精神支持,其在抗震救灾中起到了关键作用。

4 反思与展望

汶川大地震的爆发距今已一年,灾害虽成过眼云烟,但它带给灾区人们的伤害、带给我们的冲击，却不是短时间内可以平定的。只有对灾难中人们的行为和努力进行分析思考，我们才能更好地前进，因为我们需要一个更美好的家园。

汶川地震中灾区图书馆进行了自救行动，图书馆同仁开展了一系列援助活动。而此次地震的影响度和破坏性使得危机不仅仅限于图书馆，受灾的对象除了图书馆人，还有其他组织群体和个人。如果仅仅将在此次灾害中的图书馆危机管理作为我们认识的重点，这是很不够的。但鉴于行业的特殊性和使命，我们却有必要将图书馆危机管理单独提出来分析，以便警示将来，成为可兹借鉴的宝贵经验。

通过对汶川地震后所形成的危机应对主体的分析，我们不难发现，媒体尤其是网络媒体在信息交流传递过程中起到了越来越重要的作用，如图书馆家园计划的发起者之一程焕文老师通过其博客的影响力，将图书馆家园计划的方案、行动步骤、进展等情况都通过其博客发布出来，借此引起更多网络和同仁的关注和支持，扩大了志愿者的队伍。限于篇幅，不多作赘述。

地震将灾区的图书馆置于废墟之中，大量的书籍被毁、设备遭到严重破坏，馆舍全部或者基本倒塌，是团结的力量让我们能够继续屹立在废墟之上，并开始或许漫长的家园重建之行。

参考文献

1 Adrienne Muir, Sarah Shenton. If the worst happens: The use of effectiveness of disaster plans in libraries and archives. Library Management, 2002

2 罗伯特·希斯著；王成，宋炳辉译. 危机管理. 北京：中信出版社，2004

3 W. Timothy Coombs. Ongoing Crisis Communication: Planning, Managing, and Responding. New York: Sage Publication, Inc., 1999

4 M25 Disaster Management Group. [2009-05-10]. http://www.m25lib.ac.uk/m25dcp/plan/

5 R. T. Curr, ed. Handbook of Political Conflict: Theories and Research. New

York:Collier & Macmillan Publisher Co,1981

6 Graham Matthew,John Feather. Disaster Management for Libraries and Archives. Hampshire: Ashgate Publishing Company, 2003

7 程焕文. 图书馆家园:援助图书馆人计划. [2009 - 05 - 10]. http://blog.sina. com. cn/s/blog_4978019f01009bcl. htm

8 文化共享工程广东省分中心. 文化共享工程广东省分中心对汶川图书馆提供业务培训. [2009 - 05 - 10]. http://www. gddcn. gov. cn/index. php?controller = News&art_id = 325

9 中国图书馆学会. 中国图书馆学会2008年大事记. [2009 - 05 - 10]. http://www. lsc. org. cn/admin/MakeTopictoHTML. php? Action = ViewNews&channelID = 9&topicID = 16&newsID = 2908&language = CN&keyword = % E3% EB% B4% A8

高校图书馆联盟在安全危机中的应对实践与思考
——以汶川大地震为例

姜　晓　任家乐(四川大学图书馆)

2008 年四川汶川大地震发生后,图书馆人展开了积极的救援行动与恢复重建工作,包括灾区图书馆人的自救,全国各兄弟单位的对口支援,还有许多自发的自愿者组织与民间团体的救助行动。其中,在全国高校图工委和四川高校图工委领导下的图书馆联盟在灾难应对中发挥了重要的作用,表现出其在减灾、防灾方面的明显优势。汶川震区图书馆救助实践与经验总结,对于深入研究安全危机应对以及图书馆联盟在今后面临此类危机中应做的准备提供了生动案例。本文还提出应借鉴 ISO 9000、ISO 9001 之类的认证体系,建立图书馆安全危机应对的体系化认证与警报分级制度的一些思路。

1　图书馆联盟在安全危机管理中的意义及组织形式

图书馆联盟,简而言之,就是为了实现资源共享、利益互惠的目的而组织起来的,受共同认可的协议和合同制约的图书馆联合体。[1]就应急和危机管理而言,从国外 IELDRN、Big11 和 M25 等联盟的管理实践经验看,图书馆联盟可以降低成员馆风险,增强成员馆防范安全危机的能力,在灾难发生前,为成员馆提供预警,消除安全隐患。在灾难发生后,迅速及时的为成员馆提供精神支持和物资帮助,以迅速恢复重建,体现出更为重要的作用。[2]换言之,图书馆联盟依靠整体力量,通过集合优势与分散风险的类似保险原理的方法,能够大大增强单个成员馆应对安全危机的能力，对于成员馆防灾减灾具有重要的意义。

目前，图书馆联盟主要有两种组织形式：主导合作式联盟与平行合作式联盟。主导合作式联盟由"政府部门"授权的某一图书馆机构主导发起成立。这类图书馆联盟，加入门槛较低，合作馆得到的实惠较多，因而成长较快，联盟内部的管理和协调相对简单和容易。[3] 平行合作式联盟通常带有非政府社团的性质。我国当前的高校图书馆联盟，以政府牵头建立的主导合作式联盟为主要形式，高校图工委某种程度上发挥着主导合作式联盟的作用，具有明显优势，是当前图书馆联盟的主要力量。但众多松散的平行合作式图书馆联盟，仍是图书馆联盟的重要补充，在应对危机时发挥着积极的作用。

2 四川高校图工委灾前的防范安全危机的制度建设

图书馆的危机管理是近年来业界关注的热点话题之一。1966年佛罗伦萨图书馆遭遇水灾，2003 年埃及亚历山大图书馆因电路老化引发火灾，2004 年德国魏玛图书馆的发生大火，2005 年卡特里娜飓风对美国新奥尔良地区图书馆造成重大损失……灾难给图书馆带来巨大损失的事例不断出现，让图书馆界强烈意识到安全危机对图书馆的巨大影响。

四川高校图工委对于人员密集的图书馆场所的安全工作非常重视。2007 年，受四川省教育厅委托，四川省高校图工委组织专家，调研制订了《四川省高等院校图书馆安全管理暂行办法》（讨论稿）（以下简称《办法》）。《办法》分为总则、安全管理职责、图书馆馆内安全管理制度、日常安全管理及安全教育、安全事故处理等七章，共四十三条，对高校图书馆安全管理的目的、意义、工作内容、管理职责、管理制度、安全教育及安全事故处理等方面进行全面的规定,使四川高校图书馆的安全危机防范有了专门的制度性文件。

回顾起来,四川省教育厅和四川省高校图工委组织制订安全管理制度这一举措有预见性,对各高校图书馆在应对突如其来的汶川大地震起到积极作用,各馆按照紧急事件处置预案组织几万读者及时有序疏散,有效保护国家财产和读者及工作人员人身安全。

3 地震中的支持援助

3.1 信息的收集、整理、发布

与国内外以往发生的图书馆灾难和危机最大的不同点在于:汶川大地震受灾面广,涉及的图书馆数量众多,各馆受损程度不一,因此在第一时间内了解灾情,摸清图书馆受灾受损情况,对以后的工作举足轻重。地震发生后,四川省高校图工委秘书处向重灾区各高校图书馆和馆员发出慰问信,通过电话、邮件、QQ 群等方式初步了解汇总各高校图书馆馆受灾情况,并将情况上报教育部全国高校图书情报工作指导委员会和教育厅等行政主管部门,为四川高校图书馆灾后重建赢得了广泛的关注与支持。在灾情基本稳定后,对全省高校图书馆馆舍、资源、人员、设备等受灾情况进行了一次专项调查,摸清情况,为政府决策提供科学依据。

3.2 对馆员的援助

在了解到灾区图书馆工作人员急需帐篷、药品、食品和其他生活用品时,四川省图书馆学会和四川省高校图书情报工作委员会积极筹集救灾物资,得到万方数据股份有限公司单位、北京超星公司的大力支持。在震后第十天就组织抗震救灾图书馆援助团,赶赴灾区的公共图书馆和高校图书馆进行慰问,实地勘察了解人员伤亡和馆舍受损情况,送去慰问信件,并带去了抗灾自救急需物资,给灾区图书馆的领导和工作人员给予的精神安慰和鼓舞,也缓解了灾区图书馆员最初的生活困难。

3.3 配合实施“图书馆家园”志愿者行动计划

由中山大学图书馆程焕文馆长、超星数字图书馆史超董事长共同发起，海内外400余名图书馆人参与，针对图书馆人的专项援助活动，在四川省图书馆学会和四川省高校图工委积极配合下，2008年6月17日到22日，行动组行程上千公里，遍及极重灾区的10个县、市，共慰问公共图书馆17个，高校图书馆8个，惠及馆员500余人，发放现金50余万元，给予了灾区馆员精神上和物质上的双重支持和帮助。

4 灾后的恢复重建

从地震发生后第三天，5月15日起，四川非重灾区各高校图书馆相继开放了安全的阅览室和区域，并正常开展了各项服务工作，对稳定学生情绪，维护学校正常秩序起到积极作用。而重灾区的各高校图书馆也采取非常措施，或采用帐篷图书馆、板房图书馆，或异地搬迁开馆，或抓紧修复馆舍等，尽快恢复开展服务工作。在此期间，高校图工委的咨询、指导职能和社会宣传发挥了重要作用。

4.1 赢取关注和支持

为争取上级部门和社会对高校图书馆馆灾情的关注，四川高校图工委利用各种会议争取支持和援助。如在教育部全国高校图书情报指导委员会长春会议上，向教育部领导和与会全体委员全面汇报了四川高校图书馆地震受损和抗震救灾情况，并向大会提出了十条具体的希望和建议，引起很大反响。为支持四川高校图书馆恢复重建，会议在支持灾区图书馆馆舍重建、数据恢复、文献资源重建与恢复、人员培训及业务恢复等方面达成八项共识。[4]在全国理工科图书馆馆长研讨会、全国民族院校图书馆馆长研讨会等会议上，得到了对灾区图书馆员培训的机会。此外，在西南三省高校图工委联席会议上，也作了广泛宣传。

4.2 灾后重建咨询指导和计划落实

2008 年 9 月 12 日，四川省高校图工委召开地震灾区高校图书馆灾后重建工作会，省教育厅王康副厅长到会并作重要讲话，来自汶川、绵阳、都江堰、德阳等“5·12”地震重灾区的 10 所高校图书馆负责人、四川省高校图工委各秘书长参加了会议。本次会议旨在更好地征求了解各图书馆灾后重建需求，探讨灾后全国高校图书馆对口援助的可行性方案，具体落实全国高校图工委会议精神。对各高校图书馆对震区图书馆的支援进行协调，原则上应依据党和政府确定的结对支援安排进行，鼓励非震区图书馆结对支援震区图书馆。

组织专家对地震中损害的建筑、家具设备进行调研，总结出受损规律，就图书馆恢复和重建的原则、规划、建设思路等问题进行深入讨论，根据各馆的重建规模及要求，从馆舍功能设计、布局规划、网络建设、设备及家具规划等方面提出专家咨询意见，并在 2009 年 3 月召开的全省高校图书馆馆长工作会议上作专题发言。

号召和动员各高校图书馆、各数据库供应商，在一定时间内免费或优惠为受灾学校提供馆际互借和文献传递服务、数据库访问服务，为受灾高校的教学科研提供文献保障。利用“四川高校文献保障体系建设项目”，为灾区图书馆提供四川高校特色数据库系统、文献传递系统、教学参考系统服务。2008 年 12 月，万方数据公司向受灾最为严重的 18 所高校图书馆捐赠了价值人民币 205 万元的数字图书馆科技文献资源。

倡议海内外图书馆界为其调剂富余馆藏、捐赠书刊，倡导出版社及图书公司捐赠图书资料，并根据受灾高校图书馆的馆藏受损情况，协调各馆分配入藏。如荷兰爱思唯尔（Elsevier）公司向四川省高校图工委以及受地震影响较重的高校图书馆分别捐赠原版图书，机械工业出版社向四川省高校图工委及绵阳师院图书馆捐赠50万码样图书等。

组织受灾高校图书馆的业务骨干外出业务交流和学习，以提高处于恢复和重建中的高校图书馆的业务水平。经四川省高校图工委与上海图书馆行业协会及国内各高等院校图书馆联系，从2008年11月1日起，18人赴上海地区高校图书馆参加免费培训，19人陆续赴清华大学、北京航空航天大学、浙江大学、东南大学、西安交通大学、东北大学、华中科技大学等高校图书馆参加免费培训

4.3 表彰活动

为表彰在抗震救灾中沉着应对，恪尽职守，坚强不屈，积极自救，为取得抗震救灾工作的胜利作出贡献的图书馆员，彰显图书馆员强烈的职业责任感和高尚的职业道德，四川省高校工委在举行“纪念中国改革开放30周年暨四川高校图工委成立20周年大会”之际，隆重表彰了抗震救灾中涌现的先进集体和个人。

5 图书馆联盟应对安全危机的几点思考

5.1 注重应对安全危机的全程管理

图书馆危机管理应包含图书馆危机事前、事中、事后进行全面系统的管理和处置，简言之，危机管理主要包含预防、反应、恢复这几个环节，一般认为预防是其中最重要的环节，它包括危机管理的组织、制度、流程、策略、计划、决策等，涉及培养危机意识、组建职能部门、侦测并处理危机因子、建立危机预案和预警系统等等，有利于在发生危机事件时做到有章可循。[5]但实际上，反应和恢复两个环节同等重要，反应的快慢关系到恢复重建的速度，而恢复重建才能使危机管理有意义和价值。在汶川大地震中，四川高校图工委在地震发生前、发

生中、发生后的应对反映了各个环节的重要性。

5.2 完善信息收集、档案整理工作

图书馆联盟应当定期了解成员馆信息,根据成员馆针对的读者对象、所处地区、馆舍布局、馆藏特点、交通信息、技术力量等标准,对成员馆分门别类的建立档案,并定期更新,以利于依据准确的信息发现安全隐患,迅速做出决策。在灾难发生后,有利于快速恢复灾后重建工作。

灾难的发生有偶然性,单个图书馆受种种条件的限制,不可能准备好各种类型的防灾和救灾资源以及完备的防灾预案。建立图书馆联盟,从更大的范围上进行管理,可以避免重复投入和浪费。通过联盟的管理和协调,按地区准备好适量的防灾和救灾物资,存放在各成员馆都容易获得的适当位置,或由不同的成员馆针对不同的灾难类型准备不同类型的防灾救灾物资,各成员馆还拥有不同的经验和专家,联盟将分散的资源、物资、专家和他们的经验汇集起来,形成有效管理。[6]

5.3 制定安全危机评价标准、安全危机预案

笔者认为,应当专门针对安全危机的预防、处理、灾后重建等工作制定出相应的安全危机评价标准。建立诸如 ISO 9000、9002、9003 这样的强制性评价标准。并且,这样的评价标准应当不断完善,制定出不断进步的评价标准。通过理论研究,经验总结,图书馆联盟可以制定若干安全危机预案范本备用,各成员馆也可以依据本馆情况,选择适用的危机预案加以增删,避免重复建设。

5.4 建立图书馆安全危机警报分级制度及图书馆应急物资储备制度

图书馆应急物资的准备应未雨绸缪。参照天气灾害的分类标准,按照灾害的严重性和紧急程度,可以把图书馆安全危机按颜色排

序为蓝色、黄色、橙色和红色，分别代表一般、较重、严重和特别严重的灾难。图书馆依靠自身力量，做好蓝色、黄色危机的应对物资准备。同时，联盟对于橙色和红色级别的灾难，建立图书馆应急物资"联合储备体系"。[7]这样，既避免了图书馆应急物资的重复建设，又增强了图书馆应对严重安全危机的能力。

5.5 注重平行合作式联盟的特殊作用

平行合作式联盟通常带有非政府社团的性质。此次汶川大地震，就有许多图书馆人为志愿者，自发参与各类非政府组织，赶赴灾区实施救助。非政府组织在此次危机中发挥了很强的号召作用。而"图书馆家园"计划，是图书馆人自发开展的应对突发性危机的有益尝试，从最初的单纯资金救助发展到资金、知识救助并重，[8]为以后联盟安全危机应对提供了很好的经验和思路。

参考文献

1 戴龙基，张红杨. 图书馆联盟——实现资源共享和互利互惠的组织形式. 大学图书馆学报，2000(3)

2 左平熙. 美英图书馆联盟的灾难管理实践及启示. 河南图书馆学刊，2008(1)

3 任凤英. 台湾大学图书馆联盟的运作对大陆区域图书馆联盟可持续发展的借鉴与启示. 农业图书情报学刊，2009(2)

4 王波. 教育部高等学校图书情报工作指导委员会二届五次会议在长春召开. [2009-09-02]. http://www.scal.edu.cn/tugongwei/info/detail.asp?lngID=396

5 刘兹恒，潘梅. 图书馆危机管理的基本概念及内容. 图书与情报，2007(2)

6 左平熙. 美英图书馆联盟的灾难管理实践及启示. 河南图书馆学刊，2008(1)

7 于成志. 图书馆应急物资的准备. 上海高校图书情报工作研究，2008(3)

8 程焕文，史超. 图书馆家园：援助图书馆人计划. [2009-09-01]. http://blog.sina.com.cn/s/blog_4978019f01009bcl.html

汶川大地震对图书馆危机管理和服务工作的启示
——以成都图书馆应对自然灾害的经验为例

徐　未(成都图书馆)

2008 年 5 月 12 日 14 时 28 分,四川省汶川县发生 8.0 级地震,这是新中国成立以来破坏性最强、波及范围最广、救灾难度最大的一次地震。作为距离震中仅 72 公里的千万人口的特大中心城市,成都市震感强烈。“5・12”汶川特大地震给成都人民生命财产造成了巨大损失,全市 19 个区(市)县不同程度受灾,全市共有 4307 人遇难,282 万人受灾,67 万户房屋毁损,1790 公里公路、135 座桥梁、451 个卫生机构和 434 万平方米的学校校舍受到不同程度的损害,都江堰青城山世界自然文化遗产等自然文物景观和重要文物遭到破坏,直接经济损失达 1247 亿元。

成都图书馆位于成都市区的中心地理位置,在地震发生的一刹那,剧烈地摇晃让人猝不及防。当时有 2000 余名读者正在图书馆内学习,他们的生命安全高于一切。图书馆领导和众多的馆员迅速反应,及时引导读者从楼梯逃生,在短短 5 分钟之内便将全部读者及时疏散到安全地带,没有出现一例伤亡事件。这在公共文化服务体系中创造了一个平安佳绩,给读者很大的鼓舞,让他们相信图书馆,更愿意到图书馆来。

1　图书馆与汶川大地震

面对突如其来的地震灾害对馆舍的破坏,以及由此所产生的对图书馆危机管理和服务工作的巨大冲击和影响,我们意识到图书馆危机管理工作中存在的漏洞和不足。为应付未来各种可预见和不可预见的灾难情况，确保图书馆今后遇到非常情况能够提供稳定的服务，让社会信息的血脉一直保持畅通，有必要对汶川地震及余震期间，成都图书馆针对地震灾害所采取的各项危机管理和服务措施进行回顾。

1.1　第一阶段（5月12日—5月15日）闭馆自查阶段

5月12日发生地震后，我馆迅速将在馆读者全部安全疏散。随即闭馆组织人员对馆内受震情况进行检查及检测。经初步检查，发现局部地方问题比较严重，为确保读者安全，我馆在取得上级同意后正式闭馆，并在大门口张贴公告，告之广大读者到期应归还书籍的期限往后顺延。

1.2　第二阶段（5月16日—5月26日）检测、鉴定阶段

为了充分保障公共文化场所安全，从5月16日起，我馆先后约请西南建筑设计院、成都市质监站、四川省建筑科学研究院的三批专家来馆进行房屋结构受震损伤的技术鉴定。根据四川省建筑科学研究院专家的技术鉴定报告，急需对受损建筑及设备等进行维修、加固、更换等处理。同时，根据读者增加和业务发展的实际情况，对部分借阅室的布局作了调整，组织部分员工对受损书架进行修复，整理垮塌书籍。

1.3　第三阶段（5月27日—6月19日）维修、加固阶段

根据专家出具的鉴定书，我馆及时形成书面材料，向上级主管单位成都市文化局报告情况，争取支持。同时，积极联系施工单位，抓紧时间对图书馆有安全隐患的重点部位进行紧急加固和维修。力争用最短的时间，完成房屋加固、设施维修等工作，完全排除安全隐患后，早日开馆服务。

1.4 第四阶段(6 月 20 日至今)恢复开放阶段

6 月 20 日,经过施工单位紧锣密鼓地维修、加固处理及相关专家的认定之后,成都图书馆恢复开馆,重新向广大市民开放。为迎接读者的到来,图书馆组织全馆职工将各类书籍重新归架,并对馆内墙面重新粉刷,所有楼层进行保洁美化,充分做好各项准备工作。为方便读者,我馆特意开辟了还书、办证"绿色通道",并将所借书刊的借期一律延长 2 个月。开馆后一个多月内,图书馆各借阅窗口妥善处理了延期归还书籍事宜,未产生任何投诉情况。

2 地震期间成都图书馆服务工作开展情况

2.1 坚守数字资源服务

地震闭馆期间,我馆工作人员坚守岗位并及时保持网站更新,保证成都图书馆四个专业网站和各数据库均运行良好。同时,我馆还新开辟"众志成城 抗震救灾"专题网页,及时发布抗震救灾信息,向广大市民介绍地震知识。读者通过我馆 RAS 远程访问系统,在家中或办公室仍能享受到我馆提供的服务。尽管地震给市民生活带来了不便,但撼动不了市民的读书热情。据统计,5 月 12 日至 6 月 20 日(除去 3 天全国哀悼日)期间,共有107 002名读者访问成都图书馆数字图书馆,充分体现了网上图书馆服务的强大优势。

2.2 品牌活动"搬家"后继续开展

在地震闭馆的特殊情况下,成都图书馆没有放弃原有的品牌服务——公益讲座,而是将公益讲座迁移到安全的区、县图书馆、成都市公安消防支队等地,并积极邀请心理专家加入,希望通过公益讲座这一平台,让广大市民尽早的从地震灾害的心理阴影中走出来。

2.3 充分利用馆藏资源，为中国地震局专家提供检索咨询服务

5月28日，成都图书馆在闭馆修复期间，接到中国地震局武宇春等2位专家提出的特殊文献查询请求。馆领导立即组织参考咨询部、地方文献部等部门的专业人员为专家提供优质的检索和咨询服务。我馆专业人员根据专家们的需求，充分利用丰富的馆藏资源和网上数字资源，仅仅花费了3个小时左右的时间，向地震局专家们提供了《四川科技年鉴》、《四川城市年鉴》、《成都铁路年鉴》等近20种各类年鉴以及大量完备、翔实、丰富、权威的文献资料，受到专家一致好评，为快速开展灾后建设工作争取了宝贵的时间。

3 地震等自然灾害对图书馆危机管理和服务工作的启示

危机虽然难以预测，但可以预防，行之有效的图书馆危机管理措施能够尽量避免潜在危机的危害。只要我们高度重视，有效地建立危机管理机制，保证信息沟通渠道的畅通，积极争取社会多方面的支持，就一定能对危机情况迅速反应，妥善处理，将损失减少到最低程度，并能够抓住发展机遇，在短时间内恢复图书馆元气，增强读者对图书馆的信任度和美誉度，让图书馆工作更上一层楼。

3.1 通过教育与培训树立危机意识

危机意识的培养是现代图书馆进行有效危机管理的基础，培养和加强危机意识不光是图书馆管理人员的事，应成为全馆员工的责任。图书馆应通过危机教育培养和加强全体员工的危机意识，提高对事件发生的警惕性，才能在危机面前沉着冷静、随机应变，才能不断提高预测、预防和处理危机的能力。可以通过危机意识教育、危机防范教育、危机处理教育、危机案例教育等多种方法来帮助馆员树立

危机意识，掌握危机管理技能，使馆员具备较强的心理承受能力和应变能力。

3.2 构建公共图书馆的危机管理系统

现代图书馆可根据自身的实际情况，运用先进的管理思想和技术手段建立起健全、高效、灵活、快速的危机管理系统，正确地分析和解决各种不同类型的危机，提高危机管理的效率和成功度。

首先，需要我们高度重视危机的预防工作，能够有效地建立危机的快速反应机制和管理机制，制定危机防范应急预案，例如：日常管理预案、综合应急预案、专项事件应急预案等，就一定能达到以最佳状态战胜危机，将损失减少到最低程度。

其次，危机存在着不确定性，危机事件突然爆发，迅速演变，对公共图书馆造成重大冲击，危机发生后图书馆及相关部门的紧急救治是十分必要的，它是危机管理的核心。危机一旦发生，对于图书馆的危机管理和决策者来说，头等大事是在最短的时间内做出最合理的决策，果断采取措施，动用各种所需的资源，迅速有效地控制危机局势，使馆里的日常工作恢复均衡状态。即要做好防范化解工作，推迟其发生，分散和阻滞其冲击。另外，要积极消除读者和馆员的恐慌情绪，减少危机中的从众效应，控制和防止危机的扩大和扩散。

最后，做好危机善后及修复工作以及系统、全面的总结，要系统调查危机发生的原因和所采取的措施，形成书面报告。从读者和本馆各相关部门收集显性和隐性的危机信息，列出组织的若干危机隐患，历史上曾经发生过的危机，以及同行或类似组织发生过的危机，从这些数据、事件中总结出关键性问题，及时上报，妥善处理。尽量为受到影响的危机对象弥补损失，这样才有利于维护图书馆的良好形象。

3.3 拓展信息沟通、服务渠道

在妥善处理危机事件对图书馆造成冲击和影响的同时，要结合自身的特点和优势，开拓思路，积极拓展服务渠道，力争在特殊时期也能够向广大读者提供更多更优质的服务。在成都图书馆实体馆闭馆修复期间，始终坚持数字图书馆的正常运作，确保信息服务渠道畅通，加强同读者的沟通交流。并充分利用馆外分馆、兄弟馆等资源，将公益讲座"搬到"馆外的其他地方进行，延伸服务。

3.4 调动社会有利资源，积极寻求外部的支持

图书馆作为社会文化机构，由于自身条件的限制，无法对所有的危机事件都制定很好的解决措施，这时就要依靠上级文化部门和政府机构的指导和支持。另外，公共图书馆在危机管理中，应最大可能地吸纳各种社会力量，调动各种社会资源共同应对危机，尽量构建起社会整体的危机应对网络。

4 结语

此次汶川大地震对成都图书馆工作造成了较大影响，并迫使我馆闭馆维修，大部分的服务工作也被迫中断。但这次特殊的经历，也检验了我馆面对危机事件的反应速度和处理能力；通过对事件的回顾、分析、总结，我们明确了图书馆面对突发危机应如何处理，非常时期的服务工作如何开展，也为日后公共图书馆的危机管理工作和服务工作的开展积累了宝贵经验。

参考文献

1 毛志雄."成都市灾后重建一周年"专题新闻发布会上的讲话.［2009 - 05 -

18]. http://211. 167. 236. 240/html/difangfabuhui/wenzizhibo/2009/0512/3339. html

2 章艳宇. 论我国图书馆危机管理机制的不足及其完善. 世纪桥, 2008(6)

3 杨继贤. 从非典型肺炎事件看图书馆的危机管理和服务工作:香港岭南大学图书馆的经验. 图书情报工作, 2003(9)

4 容春琳. 公共图书馆危机管理的理性思考. 三大类型图书馆事业, 2008(4)

图书馆危机管理
——基于汶川地震的案例分析

张　瑛(西北大学经济管理学院)

1　图书馆危机管理理论概述

1.1　概念与分类

图书馆危机是对图书馆系统造成严重威胁或破坏、需要图书馆人立即反应的高度震荡状态。它具有威胁性、破坏性、突发性、牵连性、聚焦性、隐蔽性、复合性和难恢复性等行业特性。[1]

图书馆危机有多种分法。按内外因素划分,有内部危机(如人才、资源、管理危机)和外部危机(如经费、灾害、形象危机)。根据危机发生的特点分,有突发性危机(又分火灾、地震等自然灾害危机与动乱、疾病等社会灾难危机)和潜伏性危机(图书馆长期积累的弊病,如服务、人才危机)。[2]

1.2　图书馆的危机管理

图书馆危机管理是对图书馆运转过程中出现的危机因子和危机事件从生到死,全程、全面监控处理的管理理论与实践。它应当包含四方面内容:危机管理基础工作、危机日常管理、危机事件管理和危机后续管理。危机基础管理要求做好内外沟通、媒体管理、记录事实等工作。危机日常管理要求专人负责、调查评估危机因子、建立危机反应恢复预案、开展培训演练、建立危机预警系统、进行危机预控。危机事件管理要求组建危机处理小组、调查评估并确认危机、启动危机预案或制定实施新方案、进行危机跟踪监控。危机后续管理要求组建危机恢复小组、实行恢复调整管理、展开危机管理评价、对危机案例总结及存档运用等。[3]

国内研究图书馆危机管理始于20世纪末,注重理论研究。国外研究起步早,注重灾难管理或突发事件管理。近年来,随着图书馆联盟的迅速发展,美国的IELDRN(内陆帝国图书馆灾难响应网络)和英国的M25"学院图书馆联盟"等,在图书馆灾难管理方面成绩卓著。

其中,英国"M25图书馆联盟的灾害控制计划模版",将图书馆危机管理分为危机阻止、危机准备、危机反应和危机后的恢复重建四个阶段,对图书馆危机管理实践具有指导意义。[4]

下面将依据英国M25的危机管理思路来分析"5·12"汶川地震中国内图书馆界的危机管理机制。

2　案例分析:汶川地震中的图书馆危机管理

2.1　图书馆界灾情

2.1.1　人员伤亡情况

2008年5月12日14时28分,我国四川省汶川县发生8.0级强烈地震,波及陕西、甘肃等省市,人员伤亡惨重,截至8月11日12时,已确认69 225人遇难,374 640人受伤,17 939人失踪。[5]图书馆人也有伤亡。截至5月30日,四川省北川县图书馆5名职工1人死亡,2人获救,1人失踪,李春馆长也受重伤;绵阳市图书馆和四川省图书馆各有1名职工骨折;成都图书馆界2人受伤;汶川县图书馆1名馆员余震中受轻伤。四川高校图书馆全体馆员安全,家属有伤亡。陕甘两省图书馆人基本平安。[6]读者伤亡资料未见报道。

2.1.2　基础设施损毁情况

四川图书馆界损失惨重。共有34所高校图书馆受损,其中地处德阳市、绵阳市、广元市、都江堰市、汶川县等重灾区的四川建筑职业技术学院、绵阳师范学院、西南科技大学、四川农业大学、阿坝师专等十余所高校图书馆损毁严重,一部分馆舍需要重建,书架、服务器、计算机等设施设备遭到严重破坏。[7]四川省图书馆建筑多处损裂、天花板垮塌。21个市州图书馆中3家成为危房,6家出现墙体裂缝。[8]全省119个县级图书馆中4个整体垮塌、26个严重损毁、27个遭到严重破坏,损毁设备1.3万台(套)、图书182.24万册。[9]

地震还使陕西汉中4所图书馆受到损害,略阳县图书馆成为危房,宝鸡市图书馆和陈仓区图书馆无法使用。[10]地震也使甘肃省17所公共图书馆中4所大楼损害严重,6所出现裂缝。[11]陕甘两省高校图书馆损毁情况较轻。

2.2 图书馆界地震危机事件行为分析

2.2.1 危机潜伏阶段

从制度建设看:《公共图书馆建设标准》尚未颁布;2005年后,《国家突发公共事件总体应急预案》、25个灾害预案、80件部门预案和省级总预案相继发布;经过非典、禽流感、雪灾和汶川地震后,图书馆界总体应急预案尚未制定,仅国图2006年制定了《国家图书馆突发事件应急预案》;由中国图书馆学会发起的图书馆评估工作仅把消防作为考核指标,评估指标中没有发现与危机管理相关的细则。

从文献研究看:通过百度、CNKI、万方等网址和数据库,发现我国研究“图书馆危机管理”的文章最早出现于2000年,主要探讨“基础理论、危机预警体系、综述与案例、专类危机”,没有发现从危机管理角度谈图书馆防震的文章;研究“图书馆灾难管理”的文章2篇,介绍欧美图书馆联盟的灾难管理;研究“图书馆防震抗震”的文章主要谈建筑抗震,从管理角度谈防震的文章1篇,是对“1999年台湾大地震”抗震经验的反思。

2.2.2 危机爆发阶段

文化系统救灾聚焦在学校、旅游景点和文物部门。从视频媒体看,图书馆救灾报道只有2个,是凤凰卫视“营救北川图书馆李春馆长”电视直播及优酷网上一段“重庆图书馆紧急疏散读者”手机视频。从其他媒体看,网上信息最多,报纸信息次之。集中在中国图书馆学会主页和文化传播网(中国文化报)上。另外,灾区当地媒体、人民日报、新华网、凤凰资讯、搜狐、新浪等也有少量报道。

资料集中在灾情评估和震后信息服务方面,谈及震时图书馆应急措施的报道非常少,读者疏导或救助的报导仅有几个网上短讯。中图学会网站也无实质性的读者救助内容。至于地震引发的火灾等次生灾害对图书馆带来的损失,则未见报道。

2.2.3 危机后的救助阶段

救助阶段的危机应对模式颇具中国特色。

第一,文化主管部门行政负责和图书馆业务负责双管齐下、相辅相成。一方面,灾区文化管理部门在积极自救和开展文化服务的同时,向上级层层汇报,接受工作指导;文化部自上而下层层部署,开展救灾和恢复重建工作。另一方面,受灾馆在开展自救与灾后信息服务的同时,及时向上级图书馆和图书馆学会汇报工作,接受统一指挥;中国图书馆学会通过慰问信、倡议书、发付款物、提供信息等,发挥了危机管理主导作用。

第二,危机管理效果突出,恢复重建形式多样。以四川省为例,具有四个特点。一是自救迅速。震后各馆立即成立抗震领导小组,开展资源检查、抢救,购置救灾品行动。在上级馆及学会的协调下,受损较轻的图书馆坚持正常上班,成为危房的开始在灾民安置点设立流动图书室、帐篷书屋等。二是外援迅速。震后7天,共享工程第一个赈灾服务点在都江堰市落成;5月26日,省图及学会、共享工程省中心、高校图工委、万方公司组成救灾慰问团,奔赴重灾区图书馆;6月10日,国家图书馆首批赠书10万册运抵成都。三是信息通畅。共享工程省中心开辟救灾专栏(http://www.sclib.org/test.asp),向社会客观、畅通的发布灾情和社情,整合四川图情行业和共享工程的信息资料,形成网上交流平台。四是文化重建模式多样。(1)“四级文化圈层”模式。按照《公共文化设施重建规划指导意见》及《汶川地震灾后重建规划提纲》,将重建“市—县—乡—村”四级公共文化网络:市、县建设文化馆、图书馆、剧场等;乡镇和街道建综合文化站;村设文化活动室。将重建图书馆 52 个、文化馆 54 个、综合文化站 1177 个、影剧场和全国文化共享工程县级支中心、基层点若干。(2)社会力量捐助模式。如通用汽车公司向都江堰捐建两所希望小学图书馆,全国作协倡议捐书灾区学校图书馆。(3)文化力量援助模式。各地文化部门和热心群众,通过读书、讲座、文艺演出、文化信使等活动,重建灾区文化服务体制。(4)智力援建模式。中图学会倡导全国图书馆通过各种形式、各种层次的培训和专家指导等重建灾区公共文化服务体系,尤其是公共文化体系的服务模式、发展模式的研讨和设计;国家图书馆、中图学会应在重建中发挥行业协调作用。[12]

3 对危机管理过程的评价与总结

3.1 危机准备明显不足

长期以来,国内图书馆灾难管理极为薄弱。危机管理制度建设严重滞后,汶川地震后,国家才相继出台了《公共图书馆建设用地指标》和《公共图书馆建设标准》,业界迄今缺乏行业防灾应急预案和灾难管理机制。具体到各馆,防灾制度不健全,应急设备不足,馆员和读者也缺乏规范的疏散演练和必备的应急知识。汶川地震前,图书馆界可借鉴的资料严重不足,震后仓促救灾,这些都从侧面反映出国家及图书馆界对地震危机防备不足。

3.2 灾后重建反应及时,措施得当

地震发生后,各级图书馆和图书馆学会担负起对下级馆提供物资援助和精神慰问的任务。受灾馆通过固定服务点、流动服务点、共

享工程电影放映和网上博客等，为灾民实施心理救助。程焕文和李超平等图书馆人也为救灾积极奔走。

文化主管部门及社会各界，通过募捐、义演、义拍、派遣工作组、文艺创作、对口支援、重建规划等方式，有力地支持了图书馆的救灾重建工作。

3.3 行业学会的协调作用重大

中图学会通过募集钱物、征集重建良策或援助方案、信息发布等工作，发挥了行业领导作用。中图常务理事倡议捐款捐书、对死难或重伤同仁进行救助、抢救及评估受灾珍贵图书、组织建筑专家参与重建工作等建议对恢复重建意义重大。[13]

川、陕、甘图书馆学会对重灾区图书馆进行了实地考察、物资救助和精神慰问，帮助它们恢复、重建文献信息服务。全国各地图书馆学会组织本地图书馆捐款捐物，发挥了应有的领导作用。

3.4 媒体的关注作用巨大

政府的媒体直播、信息公开制度，使图书馆界收集、传递灾区信息的渠道十分通畅，文化部、地方政府、业界同仁、各界的慰问，新闻媒体的采访，志愿者的热忱帮助，很快见诸各种媒体，媒体的推波助澜极大地激发了全国图书馆界帮助灾区同仁的积极性，图书馆人捐款捐物、救助同行的速度和规模在中国图书馆史上前所未有。

4 反思与建议

图书馆危机管理需要各方合作，现有的“政府主导 + 业界协作”危机应对模式，处理危机事件有效，实施危机日常管理和后续管理显然不足。危机管理常态化、制度化才是管理的目的所在。

因此，图书馆危机管理应当采取以下策略：(1)研制图书馆行业应急预案。总预案由文化主管部门、中图学会和三大图书馆系统共同商议决定。(2)组建地区性、系统性图书馆联盟,从事危机管理基础工作、危机日常管理、危机事件管理和危机后续管理业务。如制定图书馆灾难计划、建立危机响应网络、研究与设计危机管理系统(包括预警、监控与处理等功能)、组建危机管理小组、日常管理专人负责。(3)建立危机学习机制。由专业学会通过会议、培训、组织研究项目、编制灾难管理手册等,推动图书馆危机管理研究与实践的发展。

参考文献

1,3 刘兹恒,潘梅. 图书馆危机管理的基本概念及内容. 图书与情报, 2007(2)

2 李俊,李媛. 近年来图书馆危机管理研究综述. 图书馆学研究, 2007(1)

4 M25 Disaster Management Group. [2009 - 05 - 10]. http://www. m25lib. ac. uk/m25dcp/plan/

5 四川汶川地震抗震救灾进展情况 已确认69 225人遇难. [2009 - 05 - 11]. http://news. xinhuanet. com/politics/2008 - 08/12/content_9197042. htm

6,9,10,13 中国图书馆学会. 赈灾重建 震区消息. http://www. lsc. org. cn/CN/zqtb. html

7 王波. 四川高校图工委援助团慰问灾区高校图书馆. [2009 - 05 - 11]. http://blog. sina. com. cn/s/blog_542d9f7101009l28. html

8,11 中国图书馆学会. 关注赈灾 关注图书馆(5. 19 前). [2009 - 08 - 11]. http://www. lsc. org. cn/CN/News/2008 - 05/EnableSite_ReadNews16781953 1210694400. html

12 根据 http://www. sclib. org/test. asp 和 http://www. lsc. org. cn/资料整理而成。

提高防灾意识　增强减灾能力
——论汶川大地震带给图书馆人的思考

汪宇彤(沈阳市图书馆)

2008年5月12日在中国四川省的汶川县发生了震惊世界的8.0级大地震,目前死亡人数已达69 185人,失踪人数17 686人,受伤人数达374 061人,直接经济损失初步统计为2000多亿元。地震中人们失去了亲人、失去了家园、失去多年奋斗的所有积累。据悉地震是目前所有自然灾害中给人类带来伤害最大的一种。它所给人类带来的物质损失及精神伤害是难以用语言来描述的。在突如其来的自然灾害面前,人类显得多么脆弱,然而在与灾害作斗争时,人类却显得多么顽强。灾害过后带给我们的思考是多方面,有些灾害是我们所不能预测的,但我们却可以尽我们所能预防灾害并减少灾害给来的损失,力争将灾害的损失降到最低。

图书馆作为普及社会科学文化教育职能的重要场所,理应承担起防灾减灾——这一重要的科普教育职责,提高全社会认知灾害的意识和能力,增强危机意识,增强自身及广大市民在灾害发生时的应对能力。本文就图书馆自身如何提高防灾减灾能力及发挥科普教育职能提高全社会的防灾减灾能力进行了3点思考。

1　提高认识是增强防灾减灾能力的前提

有史以来,自然灾害始终伴随着人类的存在而存在,而且具有极大的破坏力和灾害能量,影响着一个国家的安全与稳定、影响着国家的经济与政治、更影响人类的生态环境。因此防灾减灾已成为当前人类所面临的巨大的挑战之一，据国务院办公厅2007年8月颁布的《国家综合减灾“十一五”规划》所述：“我国是世界上自然灾害最为严重的国家之一。70%以上的城市、50%以上的人口分布在气象、地震、地质和海洋等自然灾害严重的地区。近些年来，我国平均每年因各类自然灾害造成约3亿人(次)受灾，倒塌房屋约300万间，紧急转移安置人口约800万人，直接经济损失近2000亿元。”

另据有关报道：我国所面临的地震灾害环境十分严峻。全国位于地震烈度大于或等于7度的城市占城市总数的45%。尤其是近几年的大震都几乎在亚洲的印度洋北岸发生，如2005年10月8日的巴基斯坦7.8级地震；2004年12月26日的印度洋大海啸；2003年12月26日伊朗巴姆6.8地震。这些地震灾害表明了近期南亚地区正处于高震级地震频发的时期，地震的危险在短期内是很高的。

目前我国的灾害管理人员业务素质还较低，面向基层社区的减灾科普宣传还有待进一步深入，社会公众减灾意识仍较薄弱。如地震这样造成大量人员死亡的事件的主要原因是民众没有防灾意识、因此我们必须提高防灾减灾意识，从根本上增强防灾抗灾能力。

2 图书馆自身如何增强防灾减灾能力

2.1 汶川地震中图书馆受损情况及分析

据不完全统计，四川省21个市州图书馆损失严重。此外，地震中甘肃省受灾的17所图书馆中，有4所图书馆大楼损害严重；有6所图书馆出现裂缝，其他图书馆馆舍基本完好。工作人员均平安。陕西省受灾严重的宝鸡、汉中等地的图书馆总体建筑都不同程度损坏，墙体裂缝是最普遍的情况，文县，礼县、康县、徽县图书馆均已成为危房，但均无人员伤亡。

从总体来看，地震给图书馆带来的损失是巨大的，但值得庆幸的是我们馆员的伤亡人数很小，这说明图书馆的建筑总体来说，抗震性较强。

2.2 图书馆应当制定防灾应急机制

凡事“预则立，不预则废”，面对破坏力极强的自然灾害和其他的公共突发事件时，必须做到预防为主。因此为了避免这些灾难事件发生，急时应对灾难事件，把灾难的危害性降为最低，图书馆当务之急是建立及时有效的防灾应急机制。

（1）编制图书馆应急预案

图书馆应急预案是针对有可能对图书馆造成威胁的重大灾害和突发事件，为保证迅速、有序、有效地开展应急与救援行动、降低事故损失而预先制定的应急方案。它是在分析、评估图书馆潜在的危险性、突发事件发生的可能性、造成后果的严重性的基础上，对图书馆应急机构与职责、人员、技术、装备设施、物资、救援行动及指挥与协调等方面预先做出的具体安排。图书馆在编制应急预案时应强调适用性和可操作性，可根据灾害的不同类型编制具体灾害的应急预案。

（2）要经常进行应急模拟演练

应急预案制订后，应采用多种形式组织图书馆馆员进行模拟演练，定期或不定期进行地震、火灾等应急模拟演练，提高大家的实践操作能力。

（3）加强培训，提高应急能力

图书馆对馆员应开展各种应急措施和应对能力的学习与培训，使大家掌握一些处理应急事件的常识和方法。每个馆员都要熟悉馆舍布局，电源控制地点，安全疏散的设施、渠道、顺序、方法等，在遇到突发事件时，如何及时报警，如何切断电源、如何使用消防器材、如何有序组织读者安全疏散等，此外馆员要掌握一些逃生自救的原则和手段，如火灾发生时应用湿毛巾捂嘴弯腰前进、不能做电梯；外伤急救的包扎止血、人工急救等。同时还要在馆内开展应急素质教育。面对突发事件，应沉着冷静、听从指挥，防止因盲目逃生而出现的踩踏事件。

(4)做好日常的应急准备

图书馆防范灾难的关键是日常的准备工作要及时到位。应建立快捷的信息渠道，开辟安全通道、紧急疏散道，并在出口处设立符合国家或国际通行的消防安全疏散标志和紧急备用照明灯。准备好充足的消防器材，定期检修，使消防设施处在良好的备用状态。配备报警器、电视监控系统，急救药箱、手电筒等。在制度上应建立健全相关规定：如馆内严禁吸烟、严禁携带易燃易爆危险品、实行保安巡夜制等，力争消除引发各类事故的隐患，将人为灾害发生的几率降至最低。

此外随着现代技术的发展，图书馆的各项工作几乎完全都依赖于计算机系统。因此，图书馆更应注意网络安全，加强病毒防护，堵塞操作系统的安全漏洞，安装防火墙入侵检测系统，重要数据经常备份并放置在安全地方。重要数字资源异地备份应当是目前很好的应急措施。

3 图书馆如何发挥教育职能提高市民防灾减灾能力

3.1 把握时机，及时开展抗灾减灾科普讲座

“5·12”汶川大地震造成了众多人员伤亡和财产损失。震后，广大公众急切地想了解地震知识以及在地震中如何进行科学的紧急避险。许多图书馆针对广大市民的迫切要求开展了地震相关知识的科普讲座。如首都图书馆邀请心理学专家走进“首图讲坛”为市民解读震后心理重建问题；贵阳市图书馆举办地震知识公益讲座；石景山区

少儿图书馆开展珍爱生命,远离灾难专题讲座;大同市图书馆特邀地震专家举办地震科普讲座等。通过这些科普讲座,有效地普及地震知识,明确地震给人类带来的灾害,提高了市民的防灾意识.增强危急意识和开展防震减灾工作的紧迫感和责任感。

3.2 加强宣传,开展形式多样的宣传教育活动

抗灾减灾的宣传内容是多方面的,从科普宣传的角度看,宣传内容主要是宣传灾害产生的自然科学知识、有关防灾减灾技术科学知识及减灾的社会科学知识。从防灾减灾的社会管理角度看,可概括为防灾减灾的法制宣传,宣传防灾减灾法律、法规,进一步提高广大人民群众的防灾意识,让每个人都知道自己的人身、财产受到防灾减灾法律的保护,同时有积极承担参加防灾减灾活动的义务。

3.3 开展实践活动,增强市民的灾害应对能力

图书馆的防灾减灾教育不仅要注重理论的宣传,更应注重市民实际操作的能力的提高,尤其是更要关注未成年人的教育。汶川地震中无数正在上课的中小学生瞬间失去了生命,让人心痛不已。在我们沉痛悼念亡者的同时,更加意识到"生命教育"对于广大未成年人的重要性。让广大中小学生从小受到防灾素质教育,对于影响千家万户提高全民族灾害文化素质和抗灾能力具有长远意义。因此图书馆应当开展适应中小学生的防灾避险的演练,提高他们紧急避险能力。

3.4 深入基层,提高社区居民抢险救灾能力

社区住宅集中,人口密集,最容易受到各类灾害影响。而目前,我国社区抢险救灾组织的培训工作还基本处于空白状态。因此,我们图书馆科普工作者就更应当承担起这一重要职责,深入到社区来开展防灾减灾教育。如:可以协助社区举办专业人员培训班,请地震

专家针对社区实际讲解避震和抢险救灾的知识、方案等,培训后承担社区抢险救援的技术指导,如自救互救的技术方法、扒挖程序等;可举办救援志愿者培训班,推进防震减灾志愿者队伍建设。通过培训主要解决社区应急抢险救灾的组织建设,疏散路线和应急避险场所的建设与管理、自救互救训练和演习等,培训后成为社区应急救援组织的骨干。协助社区编印《避灾自救手册》等相关宣传资料,利用宣传栏、橱窗、展板、墙报、标语等多种形式,多种角度进行灾害的宣传普及,使防灾减灾知识家喻户晓,人人皆知。

3.5 强化公众的临灾教育,注重灾后心理救助

以往实践证明,当人们面对事先不了解灾情和灾害发展趋势的情况下,人们会在一定程度上失去自我控制能力,容易发生冲动行为,造成救灾秩序混乱,影响社会的稳定。因此,在平时就要强化公众的临灾教育,使公众面对灾害能够保持清醒和冷静,理智的应对各种灾害,采取科学的自救互救措施,为最大限度地减轻灾害损失提供积极的保障。

此外在灾难发生后,应及时开展心理救助工作。据统计,在地震应急期能够头脑清醒,采取果断行动的人,只占12%—25%,75%左右的成年人会出现情感错乱,精神麻木,10%—25%的人表现为极度恐惧、惊慌,过分忧虑、高度紧张、悲伤、悔恨、心烦意乱等,这些心理受伤者,同躯体受伤者一样需要救助。因此图书馆科普工作者应当组织有心理咨询知识、有思想政治工作经验者成为义务或者志愿心理咨询师,请心理学家、教授讲解震后心理救助方法,组建心理救助队伍,帮助灾民尽快摆脱消极情绪的困扰,唤起他们积极救灾的意识,主动配合救援工作,最大限度地减少灾害损失。以积极的心态构建新的生活,恢复生产,重建家园。

参考文献

1 国务院办公厅. 关于印发国家综合减灾"十一五"规划的通知. 辽宁省人民政府公报刊, 2008(1)

2 中国图书馆学会. 绵阳市公共图书馆系统受灾情况. [2009 - 06 - 20]. http://www. lsc. org. cn/admin/MakeTopictoHTML. php? Action = ViewNews & channelID = 23&topicID = 224&newsID = 1976&language = CN&keyword = %CD% BC% CA% E9% B9% DD% CA% DC% D4% D6% C7% E9% BF% F6

3 中国图书馆学会. 汶川地震灾区图书馆和图书馆员近况. [2009 - 06 - 20]. http://www. lsc. org. cn/admin/MakeTopictoHTML. php? channelID = 23&topicID = 224&language = CN&ActionDo = HTML&pageID = 2

4 中国图书馆学会. 部分图书馆组织地震知识讲座. [2009 - 06 - 20]. http://www. lsc. org. cn/CN/News/2008 - 05/EnableSite_ReadNews2322720291211731200. htm

5 强化城市抗震防灾能力. 中国建设报, 2008 - 04 - 12

6 孙国学. 论防震减灾科普宣传与培训教育工作. 山西地震, 2007(4)

7 王杰秀. 防灾是关键. 中国减灾, 2007(11)

8 葛洪元. 从根本上提高防灾能力. 瞭望, 2008(4)

9 刘本玉,叶燎原,苏经宇. 城市抗震防灾规划的研究与展望. 世界地震工程, 2008(1)

10 刘秀娥. 编制图书馆应急预案,提高图书馆防灾能力. 图书馆工作与研究, 2006(2)

汶川特大地震给图书馆珍贵文献容灾备份的重要启示

何先进　何玉花(四川省图书馆)

1　背景介绍

2008年5月12日14点28分,四川省汶川县发生了里氏8.0级特大地震。四川作为地震中心,大量珍贵文献、数十年工作成果遭受重大损失。

大地震也使四川省图书馆阅览大楼、12层书库、办公区均遭到不同程度损坏,阅览楼2到4层吊顶垮塌坠落,12层书库承重梁裂缝,书架上的图书散落一地,多处墙体开裂,存在重大安全隐患。为确保广大读者和工作人员的生命财产安全,5月13日被迫向社会宣布闭馆。

灾情发生后,党中央、国务院高度重视,迅速全力组织抗震救灾工作。胡锦涛总书记、温家宝总理亲赴地震灾区,看望受灾群众,指导救灾工作,使我们倍感关怀,深受鼓舞。奔赴地震灾区的人民解放军和武警官兵、消防战士、公安干警、医务人员以及广大志愿者,视灾区人民为亲人,不怕流血牺牲,不畏艰难困苦,想尽千方百计,展开施救行动,献出一片爱心。与此同时,四川的地震灾害也得到了全国人民和海外华人华侨、各国政府和友好人士的热心关注,大力支援。正因为我们万众一心,众志成城,同舟共济,迎难而上,才从废墟中抢救出数万生命,防止了多起次生灾害的发生,把地震灾害造成的损失减少到最低限度。灾情发生后,文化部领导,国家图书馆、全国文化信息资源建设管理中心、中国图书馆学会的领导及同行们非常关心，立即向四川灾区的图书馆界发来慰问信，并勉励大家克服困难，树立战胜自然灾害的信心。与此同时，馆领导及广大职工情系重灾区人民和基层图书馆工作者，一方面迅速组织本馆职工开展抗震救灾工作；另一方面积极为重灾区捐款捐物，发挥省图书馆职能作用，积极支援重灾区图书馆开展抗震救灾工作。

当前，灾区人民正在党中央、国务院和地方党委、政府强有力的领导下，在全国人民的无私支援下，克服一切困难，齐心协力，迅速投入到恢复重建美好家园的斗争中去。

2 如何做好图书馆灾后恢复重建中珍贵文献的容灾备份工作

“5·12”汶川特大地震给我们一个重要启示，那就是应该从这场旷世灾难中吸取一些教训，如何在平时做好图书馆珍贵文献的容灾备份工作，避免不可抗拒或难以预测的自然灾害或人为因素造成中华民族“文脉”的断裂，历史传承的消失和文化积淀的退化，应从以下几个方面做好图书馆珍贵文献的容灾备份工作：

(1)各级地方政府应加大对公益性文化事业的经费投入，为图书馆珍贵文献的容灾备份提供政策和资金的保障。通过建设重点公共文化工程和服务网络，构建公共文化服务体系，加快文化事业的发展，保证人民群众基本文化权益，建立有效的公共文化服务制度和政策，形成多元的公共文化服务模式。

(2)加快灾区公共图书馆设施设备的重建，推动图书馆珍贵文献的缩微化和数字化工程、中华善本再造工程、全国文化信息资源共享工程等文化项目的实施和异地文化容灾体系的建设。

(3)公共图书馆是作为保存各民族文化财富的机构之一，它最古老的职能就是保存人类文化典籍。图书馆是搜集和保存人类文化遗产的重要物质载体和机构，因此必须将在地震中坍塌损毁的图书馆进行重建，对损坏的珍贵地方文献进行抢救和修复，为濒临断裂的文化生态，历史的、地域的、民族的"文脉"保护提供实际载体。值得一提的是，灾区图书馆人不畏艰险，已经开始全力搜索地方珍贵文献资料和与地震有关的文献，为灾后恢复重建做好前期准备工作。

(4)重视生态文化建设，弘扬中华优秀传统文化。随着国家经济实力的提升，政府陆续启动了珍贵文献的缩微化数字化工程、中华善本再造工程、全国文化信息资源共享工程等一系列文化工程。加快这些文化工程的实施步伐，是一件功在当代，泽及万世的大事，是坚持中国先进文化前进方向的重要举措。令人可喜的是国家近年来已启动的以国家图书馆容灾备份馆机制为代表的文化容灾体系建设，借助各项文化工程的实施和现代技术手段，将中华民族的许多珍贵文献资料多套拷贝、多点存放，尽量提高其传世盖率。

3 四川省图书馆珍贵文献的容灾备份概况

四川省图书馆成立于1912年，经过近90年的努力，目前拥有藏书460余万册(珍贵历史文献74万册、件)，在全国省级公共图书馆中居第四位。四川省图书馆从1985年开始采用缩微技术，已将馆藏部分珍贵文献制作成了缩微品，其中善本书224种、937卷、470 326拍；民国时期报纸125种、852卷、429 140拍；民国时期期刊1800种、748卷、870 943拍；现报30种、327卷、171 382拍。这批珍贵文献缩微品已全部上交全国图书馆文献缩微复制中心，并存放于地下国家母片库永久保存。

为了抢救和保护馆藏珍贵文化遗产，1985年由文化部图书馆司、全国图书馆文献缩微复制中心配备了以35毫米银盐卷片为主、16毫米银盐卷片为辅的缩微品制作系统，并建立了一个文献整理、拍摄、拷贝、质检、胶片保存、阅读还原等较为完善的缩微品制作、收藏和对外服务管理体系。按照全国图书馆文献缩微复制中心的统一要求，进行文献缩微品的书目数据库录入和核对，采用“丹诚数据库”软件，进行建库工作，并将已完成的部分馆藏缩微品书目数据挂在四川省图书馆网页上。为方便广大读者来馆查阅馆藏缩微品文献，我馆已将制作好的缩微品复制成拷贝片，并设立缩微品阅览室供读者利用，同时开展为读者阅读复印缩微品的业务，大大方便了读者。随着新技术的发展，我馆还将开展馆藏缩微品扫描及数字化方面的研究工作，为缩微品文献的二次开发及利用创造条件。

“5·12”汶川特大地震发生后，存放在四川省图书馆的这批第二代珍贵文献缩微品安然无恙。大地震后，四川省图书馆的书库受损严重，为确保安全需要进行维修加固。因此，闭馆期间读者无法查阅馆藏保存本阅览室收藏的珍贵历史文献，特别是报刊资料，给他们的学习生活带来诸多不便。但是，经过20多年的不懈努力，四川省图书馆抢救收藏的珍贵文献缩微品却在地震后发挥了作用，读者只需登录四川省图书馆网页，就可在馆藏缩微品书目数据库中查找到自己需要的书目信息，并切在图书馆设立的缩微品阅览室内就可检索、复制到全部文献资料，大大方便了读者。

近年来，四川省图书馆在文化部、四川省委、省政府的关心支持下，遵照文化厅党组新的文化发展的总体思路，克服重重困难，在馆舍狭窄和服务工作受到严重制约的条件下，立足四川实际，勇于创新，以四川文化信息网络和四川数字图书馆建设为目标和突破口，有计划、有步骤的建设全川的信息资源共建共享网络，努力建设四川文献资源共建共享网络体系。已上网服务的“四川省图书馆网站（网址：www. sclib. org）”开展的网上读书活动已经成为建设四川网上文明的重要基地。通过深入社区建设“文化信息服务站”的形式，扩大服务规模和社会效益，受到广泛欢迎和好评。文献信息资源数据库建设已经取得突破性进展，已经建设完成9个大型数据库，填补了四川乃至西部文化信息化建设的空白。目前，已拥有 600G 的数字资源，成为中国西部最大的公益性文献资源基地。

2002 年是四川省图书馆又被正式列为文化部、财政部主持的“全国文化信息资源共享工程”的首批五个试点单位之一，还成为了国家“中华古籍善本再造工程”的试点中心之一。同时，四川省图书馆还开展了广泛的业务合作：与国家图书馆签署了一系列共建共享协议，成为中国数字图书馆工程的西南地区容灾中心；与国务院研究发展中心、四川电信、四川新闻网、四川高校图书馆、情报图书馆单位等就信息资源的共建共享进行了卓有成效的合作；承担了四川全省公共图书馆信息化专业技能培训和全省文献资源共建共享的各项基础性业务工作，已经成为四川省文化、科技及经济发展的重要信息支撑。

4 结束语

我国是自然灾害频发的国家之一，如火山、地震、干旱、洪涝、沙尘暴、泥石流、虫灾等。加之人为因素如资源过度开发、环境污染等，给图书馆珍贵文献的保护利用构成威胁。因此，公共图书馆平时就应该注意加强对馆藏珍贵文献的容灾备份工作，以免灾害发生时造成无法挽回的损失，这就是汶川大地震给我们图书馆人的重要启示。

参考文献

1 李忠昊. 废墟上的精神家园——图书馆. 中国图书馆学会工作通讯, 2008 (6)

2 唐成. 北川羌族自治县图书馆一定会站起来. 中国图书馆学会工作通讯, 2008 (6)

3 何先进. 四川省图书馆文献抢救工作二十年回顾与展望. 数字与缩微影像, 2005(3)

台湾“9·21”地震灾后乡镇图书馆的重建经验及其启示

马先皇(韩山师范学院图书馆)

汶川特大地震给灾区的文化建设带来了灾难性后果。乡镇综合文化站(乡镇图书馆)是最基层的文化单位,在此次地震中受灾惨重。据《中国文化报》报道,仅四川省就有242个乡镇综合文化站整体垮塌,需要拆除;235个遭到损毁,需要大修;382个遭到不同程度的破坏。鉴于乡镇图书馆在灾区重建中的作用及其重建任务的复杂、艰辛和重建经验的缺乏,笔者希望通过梳理和分析台湾“9·21”地震后乡镇图书馆的重建经验,以期对我们乡镇图书馆的重建有所裨益。

1 乡镇图书馆的受灾概况

“9·21”大地震造成灾区许多图书馆的馆舍、馆藏及相关设备、设施的毁损,尤其是基础条件较差的乡镇图书馆,灾情特别严重。根据台中图书馆在灾后通过电话、传真和实地调查等途径获取的统计数据显示,在重灾区的南投、台中、云林和苗栗四县共有23所乡镇图书馆严重受损,其中多达6所馆舍全毁,15所馆舍遭受严重破坏,需大修。由于地震中地面的剧烈震动,书籍受到挤压或掉落,造成书脊受损或撕裂,再加上倒塌的馆舍压毁以及二次灾害对图书资料的损坏,各乡镇图书馆的馆藏受损也十分严重,如埔里镇立图书馆在灾后仅救出巫永福文库图书及儿童图书,两万册左右书籍全毁。在设备、设施方面，损坏数量最多的为书架，其中又以钢制书架损坏最为严重，仅在台中和南投的8个馆中共计受损406架；其次是阅览桌椅共计受损185张，照明设备受损92座。

2 灾后乡镇图书馆的重建经验

2.1 文建会的领导和推动

文建会是台湾行政主管部门下辖文化建设委员会的简称，是台湾主管文化艺术事务的主要部门。在灾后乡镇图书馆的重建过程中，文建会扮演的是领导者与推动者的角色。①成立灾区图书馆技术服务团。地震发生后，文建会迅速成立了以台中图书馆部分馆员为主力的技术服务队伍，深入灾区协助图书馆进行图书资料的分类编目、整架复原，电脑、网络等设备的检测和维修，并提供馆舍改造或重建规划与配置的咨询服务。②制定《九二一地震受灾公共图书馆辅导实施计划》，实施“心灵重建工程方案”。鉴于灾后心理危机干预及灾后心理关怀的重要性和必要性，文建会在灾后通过设置临时定点图书馆或巡回行动图书馆、办理灾区居民心灵重建巡回讲座、办理灾区读书会等方式推动心灵重建工程，以协助抚平心灵伤痛，重建家园。③开展灾后重建研究。委托相关组织针对灾区的公共图书馆进行灾情调查、震灾损害原因探讨及复原与重建的研究，以协助他们尽早恢复原本的旧貌或改建成更具特色的主题图书馆，尽快恢复读者服务，发挥其文化与教育功能。④举办相关学术研究会，针对国内外有关地震防范及重建主题进行分享与探讨，以作为推动灾后复建及重建的参考，如海峡两岸公共图书馆基础建设研讨会。⑤推行《重建区公共图书馆经营管理金点子计划》（简称《金点子计划》）。为有效推行重建区公共图书馆经营管理新理念，文建会于2002年通过甄选方式选出埔里、竹崎等4所乡镇图书馆试点实施《金点子计划》第一期。一年后，文建会再次采用相同方式选出埔里、水里等5所乡镇图书馆实施该计划的第二期。该计划的实施，不仅对提升公共图书馆经营管理有立竿见影的效果，而且打破了过去社会大众对公共图书馆的刻板印象，让人有脱胎换骨、耳目一新的感觉。⑥执行《公共图书馆空间及营运改善计划》。该计划是2003年文建会为配合《扩大公共建设方案》提出的《公共图书馆强化计划》的子计划之一，共编列15亿经费，计划改善全台300所公共图书馆，其目的是改善原来图书馆空间老旧僵化的现象，创造吸引读者愿意多加利用的阅读空间，并能以主动积极服务的方式，营造出高质量的阅读氛围，让图书馆成为民众流连忘返的地方文化活动地点。此计划执行效果非常明显，不仅成功改造了近300所公共图书馆，而且吸引了更多地方居民进入图书馆，提升了阅读风气。⑦推动乡镇图书馆转型为地方的生活学习中心。基于乡镇图书馆是最基层的文化源头，扮演着与民众生活息息相关的角色，再加上前两项计划实施后，乡镇图书馆的硬件和软件都有很大的进步，文建会于2005年底采取“精耕”方式，通过在全台300多个乡镇图书馆各设立一名生活学习营造员，积极推动乡镇图书馆转型为地方的生活学习中心，其目的是强化图书馆的功能，使其兼具展演、学习、休闲等多元、多功能中心。该计划影响深远，被誉为“台湾乡村宁静革命”。

为了保证每项计划的顺利实施，文建会都会成立相应的机构负责该计划相关事项的咨询、审查与指导等工作。计划完成后，文建会也特别注重成果的交流与推广，如在《金点子计划》实施完成后，文建会特在雾峰乡立以文图书馆召开该计划的工作研讨会，并正式出版发行《大地书情——公共图书馆的蜕变：重建区公共图书馆经营管理金点子计划成果专辑》等书籍供各界参考。

2.2 专业义工的帮助

人员不足，尤其是专业技术人员的缺乏一直是困扰乡镇图书馆建设和发展的问题。地震后，这个问题显得尤为突出，而专业义工的出现则使其得到了缓解。说到专业义工,就不能不提辅仁大学图书资讯学系图书馆服务队。该服务队是该系学生的自发性组织,旨在通过义工的方式,为灾后乡镇图书馆的重建提供实质性的帮助。其最初的名称为“九二一南投县乡镇图书馆重建服务队”,在2000年元月份到南投县的埔里镇、名间乡、鹿谷乡图书馆开展了第一次的服务,同年六月再赴雾峰乡立以文图书馆开展服务。经过两次服务后,该系同学深感图书馆对专业义工的需求,于是决定形成惯例,并于2001年元月更名为现名,简称“图书馆服务队”,决定每年寒暑假分别组团,接受各地图书馆的邀请,以义工的方式,提供一周左右的服务。迄今为止,共出队19届,770人次。由于该服务队主要由图书资讯系学生组成,专业性很强,所以每届服务下来,都能得到各界的嘉奖和鼓励。除图书馆服务队之外,还有两支临时性的队伍也为乡镇图书馆的重建提供了服务:一支是日本亚细亚大学师生服务队,约60人,在地震后自费来台,到埔里镇立图书馆服务一周时间;另外一支是淡江大学图书资讯学系师生服务队,30余人,在2000年3月份,到国姓乡立图书馆服务两天。这些专业义工的帮助,可以形成乡镇图书馆、义工和读者三赢的局面。对于乡镇图书馆来说,不仅缓解其灾后人员缺乏、专业能力不足的压力,加快重建速度,而且利于其拓宽服务层面,提高服务品质,完善服务功能;对于义工来说,不仅借此培养自己的服务精神及体会图书馆实际业务的经验,而且发扬了图书资讯学服务理念,促进图书资讯学专业资源与图书馆的实际需求相结合。而对于读者来说,就是从中得到更多更好的服务,提高了对图书馆功能的认识。

2.3 重视乡镇图书馆评估,并设立相应的奖项加以奖励

根据相关规定,教育主管部门于2003年首度办理了台湾地区乡镇图书馆2002年度营运绩效评量,决定由各县市文化局组织评量委员会根据各馆所填的两份表格(《台湾地区乡镇级图书馆现状与意见

表》和《台湾地区乡镇级图书馆营运绩效评量表》）实地进行评估并选出名次，各县市前3名不仅可获得3万至10万元的奖金，还会得到公开表扬。此次评估，不仅达到了激励各乡镇图书馆努力向上，追求最佳绩效，提升服务品质的目的，而且评量结果所提供的各馆各项计划与决策的相关资料，协助其确认优缺点、问题所在及改进的方向，有利于各馆长期经营目标的制定与执行，促进其持续、稳定发展，同时激励图书馆工作人员士气和提高团队的凝聚力与向心力。对于各县市的文化局来说，评量结果不仅可以作为制定本县市乡镇图书馆未来发展规划的重要依据，而且有助于建立奖罚分明的制度，合理妥善运用人力、物力、财力等资源。正因为如此，很多县市的文化局将这一做法保留了下来，形成一年一评的制度，如南投县文化局，在该县一年一度的乡镇图书馆评估工作中，埔里镇立图书馆连续六年获得第一名，堪称乡镇图书馆的表率。

针对乡镇图书馆评估工作中存在的问题及不足，教育主管部门进行了修订。在2004年度评估中，教育主管部门将各县市所选出的特优图书馆在全台范围内进行再次评选，选出绩效最佳者一名至三名，给予"卓越奖"奖牌鼓励。四年后，评估工作又有新的修订，由教育主管部门组织的乡镇图书馆营运绩效标杆评估团实地评估各县市所推荐的绩效公共图书馆，共选出20所公共图书馆获奖，包括4所"金圕奖"、6所"银圕奖"和10所"铜圕奖"，分别给予10万、8万、6万元奖励。这些奖项的设立，不仅可以找出具有指标意义的乡镇图书馆，树立标杆典范，作为各馆观摩学习对象，促进全台乡镇图书馆得以持续进步，而且利于提升馆员对图书馆价值的认识，并形成相同价值的图书馆服务，以及分享经营图书馆的经验，提升馆际的向心力等。

2.4 乡镇图书馆经营策略的转变

2.4.1 转变经营理念，予以科学、合理的发展定位

传统乡镇图书馆扮演的是单纯的藏经阁角色,实行的是"以书为本"的经营理念。在灾后重建中,各乡镇图书馆纷纷树立起"以人为本"的理念,追求创意,讲究绩效,注重结合地方、学校、社区及各民间团体资源,不断以求新、求变、求突破的方式争取民众的参与和地方人士的认同感,使人人都爱上图书馆。此外,各乡镇图书馆在重建中,结合本馆的规模、资源等实际情况,予以科学、合理的发展定位,如南投埔里镇立图书馆定位为不仅是搜藏地方文献的宝库、地方终身学习与阅读的重地和地方信息资源的中心,而且是地方发展的智库和地方的文化中心。

2.4.2 提供怡人的阅读环境

美好的阅读环境让人心旷神怡,自然接近,因此,当图书馆有机会进行改造时,对空间的改造是第一要务。灾区的乡镇图书馆借文建会推行《公共图书馆空间及营运改善计划》的契机,不仅积极利用馆舍空间、扩大规模以及带动周边环境的改造,而且超出了民众对传统乡镇图书馆破旧、阴暗、冰冷等的刻板印象,营造出高品质的阅读氛围,使冰冷的阅读环境变得温馨有趣,让民众喜欢到图书馆来,提升了民众的阅读风气和图书馆空间的使用率。最典型的代表是埔里镇立图书馆,该馆经金点子计划改造后,兼具了品味、魅力、风雅与飘逸的空间美学,营造出焕然一新的书香环境,使人可以充分享受"一本好书、一杯好咖啡、一份好心情"的最佳情境,被誉为"全台湾最美丽的五星级图书馆",每逢节假日,入馆人数超过千人。

2.4.3 注重传承地方文化,彰显地方特色

地方文化是某一特定地区在其社会历史发展过程中所形成的物质和精神成果的总和,具有明显的地方特征。作为文化集散地的乡镇图书馆,肩负起传承地方文化、彰显地方特色的重任,责无旁贷。①收藏地方文献资料。保存文化遗产是图书馆最原始的功能,因此乡镇图书馆的首要任务,就是地方文献的保存。凡是记述地方情况

或具有地方特点的文献,如地方志、地方史料、地方人士著作及地方出版物等,都应该加以保存。如和平乡图书馆搜集泰雅族文献资料,建立泰雅族传统部落屋图书馆,传承了民族文化。又如埔里镇立图书馆建置了“埔里文学书墙”和“埔里文库”,馆藏珍贵的地方文献资料不仅有台湾文学家巫永福、陈春麟的作品,还有小镇名医李长、绅士李百禄等人的日文贵重图书与文物。②展现地方文化特色。在对图书馆空间进行改造时,应注重结合当地产业文化的应用,展现地方文化特色。如和平乡图书馆积极配合人文景观和地方文献,搜集泰雅传统文物,在图书馆内设立文化走廊,不仅吸引读者利用图书馆,而且传承泰雅族文化。这样的设置能促使当地的文化产业在不知不觉中融入阅读空间,让民众在感到赏心悦目的同时,也认识到当地的产业文化特色。③促进地方文化的交流和发展。图书馆是文化传播与交流的中心,在现代文化传播、交流、发展中有着重要的地位和作用。因此,乡镇图书馆应充分利用自身的有利条件,有组织、有计划、有目的地开展相关活动,促进地方文化的交流和发展。如和平乡图书馆通过举办泰雅论坛,邀请泰雅族精英及学者、专家,研讨传承泰雅文化有关议题,对泰雅文化的发展起到了促进作用。此外,乡镇图书馆在保护地方文化、整理地方文化遗产、推进本土文化资源上网的同时,还应该充分发挥其在网络环境下的文化整合作用,积极汲取世界文明成果的精华,为地方文化建设服务。

2.4.4 深化服务功能,变被动服务为主动服务

服务是图书馆的宗旨,是图书馆存在的前提,是图书馆各项工作的出发点和归宿点。由于受到当时诸多条件的限制,传统的乡镇图书馆采取的是等待读者上门的消极被动服务方式,服务效果甚微。在灾后的重建中,各乡镇图书馆都摒弃了传统的、消极的、被动的服务方式,树立起以用户为中心的服务理念,积极主动拓展服务方式,深化服务功能。①魅力的服务。乡镇图书馆不仅为社区居民提供了明亮、美观、舒适、便利的阅读环境,使居民均有图书馆为家中书房的

感觉，而且通过与社区、学校等合作所举办的展演活动将图书馆变身为艺术文化空间，培养艺术气息，展现魅力服务，吸引居民爱上图书馆。如埔里镇立图书馆通过首创《驻馆音乐家、驻馆文学家、驻馆艺术家》计划，让书香阅读结合音乐、文学、艺术广泛地发展，也为居民提供了一个与音乐、文学、艺术邂逅的机会，共享音乐、文学、艺术的精彩与浪漫。②行动的服务。一般的乡镇都幅员辽阔，位居偏远地区的居民长期以来利用图书馆资源十分不易。为了让图书馆的功能延伸至村里各角落，方便偏远地区的居民享用图书资源，许多乡镇图书馆开展了“行动的服务”，如埔里图书馆的行动图书馆书香巡回服务，雾峰乡以文图书馆通过爱心妈妈的认养帮忙送书，使乡内偏远地方的民众亦能借阅图书，享受服务。③数字化服务。随着信息技术的发展及其在图书馆中广泛运用，乡镇图书馆不仅实现了信息资源的数字化，系统的自动化和网络化，达到资源共享，而且构建了网站，为民众提供更新、更好、更快捷、更多元的服务，如雾峰乡以文图书馆网站，不仅具有信息检索、在线交流的功能，而且还提供了乡土风情、生活映像等资料为民众服务。

3 从“9·21”到“5·12”：台湾乡镇图书馆重建工作经验的启示

3.1 政府应将乡镇图书馆的重建纳入整个重建规划中

“9·21”震灾后乡镇图书馆的重建经验表明：在灾区重建过程中，乡镇图书馆有着不可替代的作用。乡镇图书馆作为文化传播的载体，不仅能为当地群众学习现代科学文化知识，开展丰富多彩、健康向上的文化活动提供场所，丰富他们的精神文化生活，充实他们的精神世界，使其在不断地学习和活动中提升精神境界和道德水平，而且能为灾区的重建提供决策参考，促进科学重建和可持续发展，有利于建设社会主义新农村和构建社会主义和谐社会。可见，乡镇图书馆与灾区重建紧密相关,政府应将其纳入整个重建规划中,充分发挥其功能。四川省目前就有 1177 个乡镇综合文化站(乡镇图书馆)已建成或正在建设中,另外还有 3097 个乡镇综合文化站(乡镇图书馆)纳入了规划,等待开工。

3.2 政府设立专项资金支持乡镇图书馆的重建,实施分步走的策略

目前我国的公共图书馆是按行政级别划分的,共分为国家级、省(直辖市、自治区)级、地市级和县市级 4 级,国拨经费只到县级图书馆。乡镇图书馆是民办事业,所需经费由集体自筹,可实际上许多乡镇集体经济实力并不雄厚,有些地方甚至很薄弱,办馆所必需的物质条件得不到保障。再加上大震过后,满目疮痍,百废待兴,需要大量的人力、财力、物力支持,这些仅仅依靠对口援建地的投入是远远不够的。因此,政府应设立专项资金来支持乡镇图书馆的重建,并将乡镇图书馆纳入公共图书馆事业体系中,形成国家级、省(直辖市、自治区)级、地市级、县市级和乡镇(社区)级 5 级体系,以保证乡镇图书馆的可持续发展。对于这笔资金的使用,笔者认为应该实施分步走的策略,原因有二:一是乡镇图书馆的重建属于文化重建、精神重建的范畴,具有长期性原则。对其的重建要形成一个常态化的机制,有计划有步骤地实施,绝不能一蹴而就。二是树立标杆典范。可选择小部分条件较好的乡镇图书馆率先进行重建,并将他们树立为标杆典范,带动其他乡镇图书馆的重建。文建会先有金点子计划的第一期,第二期,然后才有空间改造计划就是佐证。

3.3 寻求专业义工的帮助

如前所述,专业义工的帮助能获得乡镇图书馆、义工和读者三赢的效果。遗憾的是,四川灾区的乡镇图书馆却没有获得如此的帮助。其实,内地是有条件开展此项活动的,因为在高等院校中,设有图情类专业的院校就有 30 所左右,在校学生超过万人,再加上从事图书

馆工作的庞大队伍,应该说人员充足。之所以未能出现这样的义工队伍,可能是缺乏有效的组织和无义工服务的观念所致。因此,笔者借此向内地所有与图书馆工作相关的人员发出倡议,利用工作、学习之余,组织起来,开赴灾区,为乡镇图书馆的重建提供实质性的帮助。

3.4 建立科学的评估制度,促进乡镇图书馆的发展

对图书馆进行动态评估,建立科学的评估制度,不仅促进图书馆服务意识、服务观念的转变,服务手段和服务水平的更新,以及科学化、规范化、现代化的发展,更好地为广大读者服务,实现图书馆的宗旨,而且能有效促进上级主管部门对图书馆发展予以不断重视和有效支持,同时提高群众对图书馆的认可度和图书馆的社会地位。台湾同仁对乡镇图书馆建立的评估制度已经充分证明了这一点。其实,内地早在20世纪90年代中期就建立起了公共图书馆的评估制度,但是其对象是县级以上的公共图书馆,由于缺乏有效的激励机制,使得各级图书馆热情不高,参与意识不强。因此,我们必须完善现有的公共图书馆评估制度,将乡镇图书馆也纳入评估范围,以促进乡镇图书馆的建设和发展。

3.5 乡镇图书馆要转变经营策略

在政府和社会全力支持乡镇图书馆的建设和发展时,乡镇图书馆的经营者也要及时转变经营策略,落实科学发展观,树立"以人为本、读者至上"的服务理念和"以人为本,治理创新"的治理理念,并予以准确、合理、科学的发展定位,保证图书馆规模、质量、结构、效益的内在统一协调发展。此外,乡镇图书馆还应该在注重传承地方文化、彰显地方特色的同时,深化服务功能,变传统的、消极的、被动的服务方式为现代的、积极的、主动的服务方式,为地方经济的发展和社会的进步作出贡献。

参考文献

1 卢毅然. 文化部慰问团听取四川文化系统受灾情况汇报——文化部和全国文化系统将全力支持四川文化系统抗震救灾和恢复重建工作. 中国文化报, 2008 - 05 - 24

2 宝藏新生——九二一震灾后公共图书馆的复建. [2009 - 04 - 15]. http://www.ntl.gov.tw/Public/Publish/2008106931247055.pdf

3 黄世雄. 九二一地震灾后公共图书馆复原及重建问题之研究研究报告. [2009 - 02 - 13]. http://www.ntl.gov.tw/Public/AdminData/20086101143247055.pdf

4 薛茂松. 大地书情——公共图书馆的蜕变:重建区公共图书馆经营管理金点子计划成果专辑. 台中:台中图书馆,2004

5 重建区公共图书馆经营管理金点子计划工作检讨会暨成果展示手册. [2009 - 03 - 01]. http://plisnet.ntl.gov.tw/01e_05e.pdf

6 周均育. 公共图书馆空间及营运改善计划作业手册. 台中:台中图书馆出版, 2003

7 宋建成. 强化图书馆 空间先改善. 书香远传, 2003(6)

8 揭阳. 让乡镇图书馆转型为地方学习中心. 书香远传, 2005(9)

9 揭阳. 陈其南:台湾乡村宁静革命. 书香远传, 2005(11)

10 毛庆祯. 台湾地区图书馆服务队的经营模式. [2009 - 02 - 13]. http://www.lins.fju.edu.tw/mao/works/iave2005hk.htm

11 辅仁大学图书资讯学系图书馆服务队. [2009 - 03 - 01]. http://service.lins.fju.edu.tw/

12 台湾地区 2004 年度公共图书馆绩效评量奖励实施计划. [2009 - 04 - 25]. http://97web.kccc.gov.tw/files/"国图"计划 - 93 乡图营运绩效评量(3).pdf.

13 张怡芬. 乡镇市图书馆评鉴经验谈——以南投县为例. [2009 - 04 - 05]. http://www.ntl.gov.tw/Public/Publish/200712241640577055.pdf

14 吕明珠. 台湾地区乡镇级图书馆营运绩效评量观察:以南投县乡镇图书馆为例. 台湾图书馆管理季刊, 2005(4)

15 马文君. 请您,书出爱的力量——埔里镇立图书馆与社区资源运用经验分享. [2009 - 03 - 15]. http://www.ntl.gov.tw/Public/Publish/200712241646237055.pdf

16 埔里"爱上图书馆"推动计划. [2009 - 02 - 13]. http://plisnet.ntl.gov.tw/file/plan1 - 3.doc

17 泰雅部落屋图书馆. [2009 - 02 - 13]. http://plisnet.ntl.gov.tw/file/plan2 - 3.doc

18 生活大书,小区展读. [2009 - 02 - 13]. http://plisnet.ntl.gov.tw/file/plan1 - 1.doc

19 郑德刚. 传承文明 精神永在(汶川地震一周年特别报道)——四川灾后一周年文化重建述评. 人民日报, 2009 - 05 - 08

20 让图书馆在灾后重建中发挥作用. [2008 - 09 - 13]. http://www.lnzx.gov.cn/Newspapers/shizhengyaowen/2008 - 8 - 15/Article_3726.shtml

从灾区重建中发现
“爱国、爱馆、爱书、爱人”的图书馆精神

周　勇(安徽邮电职业技术学院图书馆)

1　“5·12”特大地震带来的伤害以及灾区重建的现状

1.1　汶川地震带来的巨大伤害

“5·12”特大地震造成了地震灾区巨大的人员伤亡与经济损失。截至2008年6月14日12时,地震造成69 170人遇难,374 159人受伤,17 428人失踪。灾区的图书馆也在这场灾难中不能幸免,馆舍大楼严重损毁,地板多出破裂,沦为危楼;供电中断,计算机、磁盘阵列、网络等设备设施均遭到不同程度的破坏;书库和阅览室书架倒塌,书刊资料倾斜满地;许多图书馆工作者也在地震中受到了人身伤害,许多图书馆人无家可归。

1.2　汶川地震灾区重建的现状

灾难发生以后,党和国家政府高度重视,把灾区的农房重建放在工作的首位。中国政府网全文公布了汶川地震灾后恢复重建对口支援方案。中国东中部地区19个省份将对口支援四川省18个县(市),以及甘肃省、陕西省受灾严重地区。各支援省市每年对口支援实物工作量按不低于本省市上年地方财政收入的1%考虑,连续支援三年。

针对受灾地区公共文化设施损毁严重的现状,文化部印发《公共

文化设施灾后重建规划指导意见》(以下简称《意见》),指导灾区公共文化设施重建工作。《意见》要求各级文化部门要高度重视公共文化设施灾后重建工作,与地方政府和有关部门加强沟通,将公共文化设施建设纳入当地灾后恢复重建总体规划,切实把公共文化设施恢复好、建设好。

与此同时,鉴于灾区图书馆受到严重损毁的现实,各地图书馆人、业界专家也都密切关注着受灾地区图书馆的建设情况。

2008 年 5 月 14 日,全国中小型公共图书馆联合会发出了《致四川地震灾区图书馆员的慰问信》。

5 月 16 日,中图学会向常务理事们发出《关于征集救助地震地区受灾图书馆建议的函》,很快便得到了常务理事们的积极回应。另外,有的常务理事已经在民间策划发起抗震救灾活动,召集愿意奉献的人,直接帮助受灾的图书馆人。

5 月 16 日,美国华人图书馆协会发来了致中图学会的慰问信,并已在美国开展募捐活动。

5 月 18 日,中图学会向各分支机构、各地方图书馆学会及全体会员和图书馆同仁发出了抗震救灾的《倡议书》,同时,学会还向全球同行发起了为受灾图书馆及图书馆工作人员捐助的倡议。

5 月 19 日,中国图书馆学会网站上开辟了“抗震救灾”频道,专门收录有关抗震救灾的信息,目前这是收录受灾地区图书馆相关信息最全面的一个网站。此外,全国图书馆界的捐助活动也已全面展开。济南市图书馆、攀枝花图书馆、无锡市图书馆、江西省图书馆、泉州市图书馆及各高校图书馆纷纷举办了捐助活动。

另外在这次地震中,图书馆界的博客也在信息交流、出谋划策方面贡献了许多力量。浙江大学副教授李超平因在 2007 年中图学会志愿者行动中认识了北川图书馆馆长李春,地震发生后发表多篇博文为李春祈祷,从李春下落不明到最终获救,每个读者的心都随着李超平博文的更新而由悲转喜。

为了更好地帮助灾区重建精神家园，中国图书馆学会的常务理事们建议在未来很长一段时间内要持续支持灾区图书馆同仁。在这个过程中，他们认为以下几点要特别注意：通过各种渠道了解灾区图书馆受灾情况，对死难或重伤者进行救助，起到在政府普遍救助中的拾遗补缺作用；对受灾的珍贵图书进行抢救及评估，组织专家进行指导；在图书馆重建阶段主动组织建筑专家参加到恢复重建之中，组织全国图书馆为新建的灾区图书馆捐书，组织志愿者在重建中对受灾图书馆支援。

2 从灾区重建看“爱国”的图书馆精神

爱国就是热爱自己的国家，热爱这个国家的人民，热爱自己生活的这片土地；爱国就是既要为这个国家历史的辉煌与今日的成就而骄傲，更要为这个国家的灾难与痛苦而难过；爱国不仅要以公民的准则严格要求自己，提高自身的综合素质，为国家的建设鞠躬尽瘁，也要关爱他人，尊老爱幼，救死扶伤，以公民的基本道德观立身处世。纵观汶川地震灾区重建，到处不乏图书馆人的身影，他们以自身的行动默默的诠释着自己一颗赤诚的爱国之心。其中，尤以由中山大学图书馆馆长程焕文、超星数字图书馆公司董事长史超召集的民间抗震救灾慈善项目“图书馆家园：援助图书馆人计划”（以下简称“图书馆家园”计划）为“爱国”的图书馆精神做出了最好的诠释。

“图书馆家园”计划是中国图书馆人自发开展的一项民间抗震救灾慈善项目，旨在长期援助汶川大地震受灾的图书馆人，以重建民众的精神家园——图书馆。它坚信图书馆人是中国图书馆事业的脊梁，在重建图书馆家园中，图书馆人将是无法替代的脊梁和不可缺少的力量。“图书馆家园”计划将通过广泛地募集慈善捐款，以直接向明确的受援对象捐赠现金的方式，专门援助汶川大地震受灾的图书馆人，必要时，可根据具体情况，逐步推广到募集图书馆所需物质资源,定向援助受灾的图书馆。“图书馆家园”计划将重点援助成都市、德阳市、绵阳市、广元市、雅安市、阿坝州等6个地震重灾区内受灾严重的都江堰市、彭州市、崇州市等40个县(市、区)(以及甘肃省陇南市文县、武都等县)的受灾图书馆人。

大震不屈,大爱无疆。赈灾重建,图书馆人一直在行动着。他们用自己不屈的脊梁撑起灾区图书馆的一片天空。同时,我们也不难发现,灾区图书馆人在灾难面前并没有被吓倒,他们也没有屈服,而是勇敢的坚持抗灾自救。建起“帐篷图书馆”、“爱心书屋”,迅速为灾区群众开展借书手续,甚至在人手有限的情况下还提供送书上门服务,他们是为了保存灾区的文化遗产不会流失,是为了让更多灾区的人们认识到天灾并不可怕,是为了在灾民的心灵深处筑起一道任何灾难也不能摧垮的“精神长城”。这就是我们的图书馆精神,无怨无悔,矢志爱国的图书馆精神。

3 从灾区重建看“爱馆”的图书馆精神

热爱图书馆,热爱自己的工作,热爱自己的职业,这是职业道德的一种体现。所谓职业道德,就是同人们的职业活动紧密联系的符合职业特点所要求的道德准则、道德情操与道德品质的总和,它是人们在履行本职工作中所遵循的行为准则和规范的总和。“爱岗敬业,传播知识,服务群众,奉献社会”,这就是图书馆界职业道德最直接的表现形式。

国际图联主席克劳迪亚·卢克斯博士在赴重庆出席中国图书馆学会年会之际,考察四川震灾地区图书馆情况时说到:物质的东西很重要,教育更重要。地震损毁了物质,有的东西丢不了,有好的教育背景就能很好地发展,就有更好地未来,知识能改变我们的命运,能建设更加美好的家园,这就是我从事图书馆工作的原因。她用朴实的话语表达出了图书馆人“爱馆”的图书馆精神的实质所在,那就是不管天灾多么可怕，作为图书馆人，我们身负着搜集、整理并传播知识的重任，我们有必要将我们的职责进行到底，永不退缩。

在灾区重建过程中，灾区的图书馆人也是以自身的行动无怨无悔地履行着图书馆人“爱岗敬业，传播知识，服务群众，奉献社会”的职责。四川水利职业技术学院图书馆的邓丽馆长驻足已经毁坏的图书馆大楼前，不舍离去，为我们留下一道“爱馆人”忧伤的背影。可是它在图书馆附近搭建的帐篷里面，参与学校的抗震救灾，每天到图书馆内搜集散落的图书馆文献资料，却又为我们展示了一副“敬业人”不屈的精神面貌图。绵阳市图书馆成立流动服务队，穿梭于九州体育馆、富乐山等灾民安置点，为灾民提供有关政治、经济、文化、军事类等书刊以及各类少儿图书的流动阅览服务，免费发放自己编印的《防震抗灾知识》和《震后卫生及疾病预防知识》等宣传资料，为群众放映海内外优秀电影，传播文化知识，丰富灾民的文化生活。这就是我们的图书馆精神，无私奉献，敬业爱馆的图书馆精神。

4　从灾区重建看“爱书”的图书馆精神

热爱图书，是图书馆人爱岗敬业的又一体现。这里所说的图书，是泛指所有的文献信息载体，包括各类文献与信息资源。作为图书馆最直接的工作对象，图书是记录文明与知识的载体。图书馆人长期研究的便是如何从图书中实现知识的可获得。如果没有图书，图书馆人的工作便是无源之水，无木之春，成为毫无意义的事情。历来，图书馆人都非常重视保护图书，并将保护图书作为自己的重要职责之一。也许，在如今的信息爆炸时代，图书的疯狂出版已经让很多人淡漠了图书的价值，可是当图书失去时，才会让我们感到的已经不仅仅是图书的消失，而是一种文明的凋落，一种精神的摧残。

在北川县图书馆致全国图书馆的公开信里，我们看到了北川县图书馆面对羌族文献丢失的无奈与痛心疾首，他们无奈的是所有羌族文献在这场史无前例的灾难中全部遗失，无一幸免，他们痛心的是一种历史文明的凋落，一种知识体系的覆亡。在广元市图书馆的一楼，我们看到了从全国各地送过来的崭新的图书文献，这些凝结着全国各地人们爱心的图书无不昭示着天下人对灾区人们于图书渴求、于知识渴求的理解与支持。

天灾有限，精神无穷。图书馆人对图书的热爱在灾难中得以尽显无遗，灾区人对知识的渴求在灾难中更显真挚。这就是我们的图书馆精神，热爱图书，渴求知识的图书馆精神。

5 从灾区重建看“爱人”的图书馆精神

图书馆学界的研究对“以人为本”中“人”的定义是读者与馆员。“爱人”体现为关爱读者，关爱馆员以及馆员之间相互关爱。在汶川地震过后的家园重建当中，这种“爱人”的图书馆精神表现地最为淋漓尽致。

2009 年 1 月 16 日，“图书馆家园”计划来到成都。在随后四天的志愿援助活动中，他们驱车 1700 多公里，先后到达茂县、汶川、都江堰、青川、平武、绵阳等极重灾区，以及邛崃、大邑等地，发放援助金约 20 万元。加上这次，总共发放各类援助金已经达到约 100 万元。这些募捐而来用于援助图书馆人的一点一滴无不凝聚着图书馆界同仁们对地震灾区馆员的关爱。在援助活动中，“图书馆家园”计划的志愿者们一直坚持了直接向受灾图书馆人提供援助金的原则，所有慰问品和捐赠品均由他们自己承担，没有滥用一分志愿者捐赠的经费，这些都充分的说明，图书馆界是一个大家庭，一方有难，八方支援。这种无私的关爱深深地感动着每一个图书馆人，无论是灾区的，还是非灾区的馆员们。

2008 年 5 月，四川省绵阳市图书馆职工杨三禄在地震中左腿严重骨折，现在正在西安接受治疗的消息传了开来。杨老师的病情不但牵动着全国图书馆界人的心,也牵动着社会各界人士的心。“程焕文@竹帛斋”以及四川省图书馆学会网站等处都在不断对杨老师及其他图书馆界受灾人员的信息进行更新及报道。来自全国各地的图书馆人纷纷对杨老师表示慰问,当得知情况已经好转时,大家才松了口气。这就是一种血脉相连般的亲情,亲如一家兄弟般的关爱与呵护,也正是馆员之间相互关爱最好的表现形式。

关爱读者,就是关注社会。图书馆学作为一门社会科学而言与这个社会息息相关,我们研究图书馆学,必须要将自己置入这个社会当中,才能获取研究的最终目的。灾区重建中,为了让灾区的读者更好地接受图书馆的公共文化知识,全国的图书馆工作者都在为灾区读者奉献爱心。例如,国家图书馆就向灾区图书馆捐赠了 10 万册图书、200 套电子图书和 1200 张光盘。地震之后,灾区的图书馆并未消极对待,而是积极地行动起来,主动服务,为灾民送去精神食量。虽然只是简陋的临时帐篷图书馆,虽然没有什么高端的借阅机器,虽然已经没有多少图书可以用来服务,但是灾区的图书馆人坚持并努力将剩下的精神食量送到读者的手中,为读者的心灵开一扇明亮的窗口。在灾区,关爱读者的事迹实在是数不胜数。开展科普知识讲座、开展“抗震救灾,众志成城”的地震预防知识宣传活动、对灾区的读者进行心理辅导、为灾区的读者提供送书上门等无不凝结着图书馆人对灾区读者的关爱之心。这就是我们的图书馆精神,大震不屈,大爱无疆的图书馆精神。

6 结语

“5·12”汶川大地震后的灾区重建,牵动着全国人民的心。灾区图书馆的重建工作,更是牵动着每一个图书馆工作者的心。我们研究图书馆精神,正是为了让这种精神更好地去指导我们的实践工作,并让这种精神得以升华。灾区重建中,我们发现了程焕文先生提出的“爱国、爱馆、爱书、爱人”的图书馆精神，正是这种精神在支撑着灾区的图书馆工作者，让我们一起祝福灾区的图书馆人，并说声：你们辛苦了！

参考文献

1 程焕文. 图书馆精神. 北京:北京图书馆出版社, 2007

2 程焕文. 四川各地公共图书馆地震受灾情况. [2009 - 05 - 20]. http://blog.sina.com.cn/s/blog_524f343b01009k2c.html

3 中国图书馆学会. 抗震救灾 重建家园 图书馆界在行动. [2009 - 05 - 20]. http://www.lsc.org.cn/CN/News/2008 - 06/EnableSite_ReadNews2322421291213718400.html

4 程焕文,史超. 图书馆家园:援助图书馆人计划. [2009 - 05 - 20]. http://blog.sina.com.cn/s/blog_4978019f01009bcl.html

5 马先皇. 汶川地震给图书馆给图书馆界带来的思考. 图书馆建设, 2009(3)

6 北川羌族自治县图书馆. 北川县图书馆致全国图书馆的公开信. [2009 - 05 - 20]. http://blog.sina.com.cn/s/blog_4978019f01009x43.html

7 中国图书馆学会. 国际图联主席克劳迪亚·卢克斯博士来蓉作报告会并考察灾区图书馆. [2009 - 05 - 20]. http://www.lsc.org.cn/CN/News/2008 - 11/EnableSite_ReadNews2322426211226332800.html

8 王娟. 试论“爱国、爱馆、爱书、爱人”的图书馆精神. 内蒙古科技与经济, 2008(23)

9 杜新中. 高校图书馆对地震灾害的应对及思考. 大学图书馆学报, 2009(2)

10 刘懿. 灾害教育——图书馆社会教育功能的审视. 图书馆建设, 2009(1)

论图书馆精神：图书馆精神的整体性
——纪念黑格尔《精神现象学》发表203周年

余昌俊(重庆三峡学院图书馆)

图书馆精神就是图书馆“四爱”精神。图书馆“四爱”精神是建设和发展图书馆伦理性存在的重要力量。因此,又可称之为图书馆伦理精神。所谓伦理即整体。“整体”是在时空交互运动的过程中建成的,也即是说,“整体”是一个成长着的全过程。图书馆精神是图书馆伦理性存在的主观因素,图书馆伦理性存在是图书馆精神的客观因素。有怎样的图书馆精神就有怎样的图书馆伦理性存在。爱既是一种感觉,又是一种在他人、他物乃至世界那里可以认出自己的那种认识,更是一种精神。“感觉”是爱的起点,是爱的本质完全遮蔽着的产物;精神是爱的最高端,是爱的本质完全显现出来的产物。说爱是一种认识,是因为爱有多广、有多深、有多真,首先取决于你对对方有多大范围、有多少深度、有多高真实度的认识。肤浅的认识将导致浑然一体的感觉之爱,片面的认识将导致残而不全的知性之爱,全面、深刻、真实的认识将导致完满的理性之爱。图书馆精神及图书馆精神的发展就是图书馆员对学校、图书馆、书和读者的一种认识及这种认识的发展。图书馆精神的发展是一个过程,这个过程是由感觉的爱、知性的爱和理性的爱这三大主要环节构成的,也即是说,图书馆精神存在于这三大环节的有机联系之中,而不是存在于有机联系中的某一环节之中。

1 感觉的爱

所谓感觉,就是外在物质刺激了视听味嗅触这些感官后而引发的最初意识,它是认识的起点,是“无思想的意识”。[1]感觉的本质就是被动、迟钝、偶然、模糊、主观。感觉的爱是没有认识和理解能力的爱。如果要问某一馆员爱学校、爱图书馆、爱书、爱读者有什么理由,他就至多只能说出那么一点点:他们存在着就是我爱的理由!基于此,黑格尔又称“感觉”是“意谓”。[2]“意谓”是不能用语言说出来的东西,“意谓的都是一种非本质的东西”。[3]“学校、图书馆、书和读者存在着”是一个反映不出它们任何特征的“意谓”,它们只是一种纯粹直接性存在。纯粹直接性存在的真理只能体现在“这时的直接性存在”和“这里的直接性存在”之中。然而,随着时间的变化,“这时的直接性存在”将要变成“过去时的直接性存在”;随着空间的变化“这里的直接性存在”将要变成“那里的直接性存在”。显然,感觉的爱所爱的对象只能是曾经有过的,但事实上又不是真实的东西,它爱的只是现象而已。感觉的爱之所以只能爱现象,就在于感觉的本性是意识。所谓“意识”就是“关于对象的意识”[4],就“是对于一个他物的知识”[5]。意识只有一个对象,即可以直接感觉的自身之外的“他物”。这个“他物”相对于图书馆员而言就是浑然一体的学校、图书馆、书和读者。“浑然一体”就意味着图书馆员对它们没有认识和理解。例如,有文献记载华北某农大的调查表明,在70位图书馆员中竟有58人不知道现代图书馆学界的爱因斯坦——阮冈纳赞的图书馆五定律。[6]图书馆五定律是图书馆客观规律的根据,是图书馆精神的产床。很难想象不知道图书馆五定律的图书馆员对图书馆会有多少认识和理解。感觉的爱是图书馆员根本不认识学校、图书馆、书和读者的本质特征的前提下盲目产生的,这就意味着图书馆员与它们之间存在着主客分离的深刻冷漠。中国的“图书馆虽然有了数千年,还是不能发达”[7]的原因之一,就是图书馆精神至今仍然拖着“感觉”的尾巴。然而,悲哀的是,感觉的爱使图书馆员竟能以空无内容的聪明和蒙昧的热情而享有“天真无邪”的美誉。“聪明”即是耳聪目明而已,他只是思维的“感性环节”。“天真无邪”即是“无知”。它“既是善的欠缺,又是恶的欠缺,对这两种规定都漠不相关,既不是肯定的,也不是否定的”。[8]说对图书馆的认识停留在感觉水平上的图书馆员“无知”,实在是“冤屈”。他们在“非正式论坛”上能以“天上知一半,地下全知”的“博识”,焕发出“指点江山,激扬文字”的风采。遗憾的是,这种“博识”对图书馆事业和图书馆学的建设和发展无任何补益。萧伯纳说:“图书馆是人类的头颅”。对图书馆本质无知的图书馆员却把“人类的头颅”改建成了“比萨斜塔”。“动物终止于自我意识”,[9]动物只有意识,它只有感觉对象的能力,而没有认识对象的能力。不客气地讲,感觉之爱是停留在动物水平上的爱。黑格尔批评感觉的爱“在一切方面都容许偶然性”。[10]认为感觉的爱只是“精神的一个前奏”。[11]只是“伦理的所在地”的基础。[12]他强调指出,当爱只是一种感觉时,“统一无能为力”。[13]感觉的爱是图书馆“四爱”精神的开端,是图书馆伦理初级阶段的产物。开端的东西就是本质或真理尚未显现出来的东西,它是与图书馆“四爱”精神和图书馆伦理严重“名不符实”的标志。然而,开端从一开始就没有真正在开端的诞生地滞留过,开端的东西总是抑制不住走出开端的冲动,也即是说,感觉的爱从它诞生的那一刻起就涌动了否定自身并向知性的爱过渡的必然性。

2 知性的爱

知性的爱特别擅长分析和分离,它在对浑然一体的对象进行深度分析和深度分离并对它们的规定性作僵化处理方面表现出了“最惊人的和最伟大的”[14]无穷力量。这一无穷力量使知性的爱拥有了爱的专注性、坚定性和确定性这三大优点。但是,由于知性的爱只顾为爱而“深入它的对象”,却“忘记了对全体的综观”。[15]图书馆员对学校、图书馆、书和读者的片面认识导致了知性的爱反运动、反联系的缺陷。反运动使它“坚持住它的对象之静止的统一”[16],反联系使它“坚持着固定的规定性和各规定性之间彼此的差别”[17]。这两个“坚持”使知性的爱不能以有机整体为对象,而只能以有机整体中的某一环节为对象。

知性的爱的本性就是自我意识。自我意识是“对于自己本身的知识”,[18]是“在它的对方中意识到自身”[19]的知识。自我意识就是我能够把我自己同我本身区别开的意识,当我能够把自己同我本身区别开时,我就可以认识我自身了。自我意识有两个对象,一是可以直接感觉的对象,二是人自身。当图书馆员能够对直接感觉的浑然一体的对象进行反思时,图书馆员的自我意识就产生了。图书馆员自我意识的产生是图书馆精神发展史上具有里程碑意义的重大事件,它标志着图书馆精神永不安息的自身否定运动开始了。这种永不安息的否定运动首先是对浑然一体的对象划分出差别开始的,差别的出现必然要导致为保持差别而否定对方的欲望。所以,黑格尔说:“自我意识就是欲望一般。”[20]

欲望的自我意识包括有欲望和承认这两个环节。欲望的本质就是“确信对方的不存在”[21],它给对方的规定是“无”。“欲望”其实就是在极端对立的状态下而产生的要消灭对方的意识。文革时,被所谓的“工宣队”贬到北大系资料室劳动,并兼做文史楼教室和厕所清洁工的图书馆学家周文骏曾是“欲望”要消灭的对象。欲望消灭对方的手段最简单、最直接、最野蛮,它即是用对方的鲜血洗澡也不会有罪恶感。欲望是自爱的温床。自爱就是自己爱自己,就是自己用爱把自己与自己联系起来,自爱使自爱者只对自己的独立性和自由发生兴趣,对他人乃至世界则持排斥和否定的态度。自爱给自爱者带来两大恶果:一是自爱导致自爱者的自我否定。由于自爱者“并没有严肃地对待他物和异化，以及这种异化的克服问题”[22]而终将成为“同一联系”。而“同一无疑是一个否定的东西”。[23]自爱使自爱者不仅不能保持住自己，反而招来了自身否定。二是自爱导致自爱者俗不可耐。自爱者出于自爱的本性而要驱逐对方，然而愈是驱逐对方，对方却愈是要与自己纠缠在一起。因此，自爱者总是要警惕或防患对方对自己的伤害，而这种警惕和防患又往往要以见不得阳光的狭隘而又琐屑的行为体现出来。自爱者就在这种防不胜防的焦虑中把自己煎熬成了一个俗不可耐的庸人。总之，自爱注定只能使“自己对自己的爱”向“爱不了自己”过渡。自爱给自爱者造成的这两大恶果，促使欲望终于反思到：“排斥一切对方于自身之外”[24]只能在取消对方存在的同时，又要取消自己的存在。这一反思的成果就是：欲望开始了向承认的过渡。承认的自我意识就是“它们承认它们自己”[25]的意识。“承认”的诞生标志着极端的对立转化成了互相依赖的对立，这是自我意识的一大进步。“承认”是“欲望”的真理，这真理体现在它不仅清楚地知道一个“自我意识有另一个自我意识和它对立”，而且更清楚地知道“这个对方就是它本身”。在对待对立的态度上，它既不逃避对立，又不以对立的态度对待对立，而是“走到它自身之外”的对方那里，并与之取得和解。[26]换言之，它采取通过承认对方的方式来消除对立。承认又分为单向承认和相互承认。单向承认是一方迫于另一方有形或无形的压力而不得已的承认。单向承认导致一方将另一方规定为“是一个极其麻烦的”他物，[27]这就意味着单向承认很难逃避虚情假意、阳奉阴违的围追堵截。单向承认是一种残缺性双向行为，它容易造成承认者和被承认者的相互伤害。这种相互伤害又严重的限制了双方的自我实现。单向承认是坐在火药桶上的承认。相反，相互承认则非常清楚地知道，一个“自我意识只有在一个别的自我意识里才获得它的满足”[28]。相互承认的本质是“彼此相互地承认着他们自己”，它将导致“一方的行动与对方的行动是分不开的”的行动，[29]双向行动足以能够成就双方的自我实现。相互承认是系在橄榄枝上的承认。

承认是互爱的营养液。互爱是双方互相的爱，就是双方共同用爱把双方联系起来的爱。互爱使互爱者双方成为了互为对方的媒介。互爱既可以从自己这里过渡到对方那里，又可以从对方那里返回到自己这里。由单向承认浇灌出的互爱大都簇拥在纵向网络之中，由相互承认滋养出的互爱大都簇拥在横向网络中。由于这两大网络事实上从来没有彻底分开，因此，互爱又会在这两大网络中穿梭往来。互爱是一种仅仅发生在"我们"之中的爱。这里的"我们"不是"我就是我们，而我们就是我"那样将普遍性与特殊性统一起来的"我们"，而是费孝通先生的差序格局理论按照亲疏，等差关系建立起来的"我们"。这种"我们"突显着两大缺陷：(1)由于"我们"是与"他们"相对立的"自己人"，它突显着太多的个人化和私人化倾向。(2)"我们"内部也存在着不平等性和依附性。由单向承认和相互承认所缔造的互爱王国尤如汪洋中的一只船，只允许"我们"这样的小国寡民居住。

1807 年，施莱廷格创立的图书馆整理学说是导致图书馆员互爱的一大原因。该学说认为，"图书馆配备和目录的编制"是"图书馆整理"的主要内容，而"图书馆整理"又是图书馆学研究的对象。施莱廷格既伟大又平庸。伟大之处在于他洞察到"图书馆整理"是图书馆的本质；平庸之处在于他把"图书馆整理"和"图书馆研究"的领域仅仅局限于"图书馆配备和目录编制"。因此，艾伯特于 1821 年针对该学说批评指出"图书馆整理"理论太狭窄。"图书馆整理"局限于"图书馆配备和目录编制"使图书馆学成为了"处于经验和理论之间的半理论状态的学问"。[30]在这种学问的指导下，图书馆从此走上了一条极端片面的发展道路。低层次的、局部的、肤浅的图书馆整理使图书馆工作从此染上了"借借还还"这一简单重复劳动的特性，简单重复劳动使图书馆员的业务知识完全可以停留在经验或常识的水平上。经验和常识既不能激活图书馆员在工作中应有的能动性和创造性，又不能激活图书馆员全面而又深刻地认识图书馆的需求。更为可怕的是，这种简单重复劳动至今未能遭遇过真正有力的反对。没有反对，就意谓着“肯定”，而“肯定性的东西都是精神的静止”。[31]静止即停滞，即无发展。简单重复劳动为图书馆员的互爱提供了有利条件。互爱是封建割据的元凶，“每一部门在保持自己的时候，只保存和创造自己，而不同时保存和创造其他部门”。[32]互爱总是存在着抹杀“他”和“他们”的企图，而这种企图又制造了要被“他们”反抹杀的危险。总之无论是自爱还是互爱都将使图书馆成为图书馆员展开“普遍的抗拒和搏斗”的战场，他们为了自爱和互爱都在“各人各自夺取其所能夺取的”。[33]然而他们所夺取到的不仅不能使他们内心安静下来，反而使他们像逐出精神家园的弃儿那样更加惶恐不安，这样的惶恐不安为否定知性的爱做好了准备。

知性的爱因以特殊为目的而把浑然一体的对象撕裂成了碎片，为浑然一体的对象制造了一次悲壮而又伟大的“死亡”事件。说它悲壮，是因为浑然一体的对象已被对立性，片面性，隔离性所代替；说它伟大，是因为这种代替意味着浑然一体的对象发生了深刻的异化。异化尽管不可避免地要携带丑恶甚至罪恶，但异化不是倒退，不是走向深渊，而是发展中的一个“曲折”环节。因此，图书馆精神不仅要敢于面对和承担这种“死亡”，还要敢于在这种“死亡”中新生。我们要充满信心地看到，知性的爱在为浑然一体的对象制造“死亡”事件的同时，也在为自己的“死亡”做准备。图书馆精神不是莺歌燕舞的氛围中在红地毯上闲庭信步的影星，而是戴着荆棘冠、迎着暴风雨、踩着泥泞路的坚强斗士。图书馆精神，“它不能被劈死，它不能被烧掉，它不能被淋湿，它不能被吹干。它是永存的，坚定而不可动摇的，它永远如此”。[34]

3 理性的爱

理性的爱是爱的本质完全显现出来的爱。“爱的真正本质在于意识抛舍掉自己，在它的另一体里忘掉了它自己，而且只有通过这种抛舍和遗忘，才能享有自己，保持自己。”[35]理性的爱把学校、图书馆、书和读者内在地统一成了有机体。有机体是“一个分不开的整体”，[36]它的本性就是“如果所有部分不趋于同一，如果其中一部分闹独立，全部必须崩溃。”[37]这个有机体就是图书馆的最高伦理。在图书馆的最高伦理里，每一个图书馆员像爱自己那样爱学校、爱图书馆、爱书、爱读者。因此，理性的爱是每一个图书馆员用爱把自己与学校、图书馆、书和读者联系起来的爱。这种爱是他们爱我，我也爱他们的爱。这种“爱”就是“共同的媒介”。在由“共同的媒介”联系起来的共同体里，每个人都能体验到他们爱我，我也爱他们的幸福和快乐。

理性的爱的本性是理性的自我意识。理性是自我意识的最高层次。意识是对物的认识，自我意识是对人自身的认识，理性则是对物的认识和对人自身认识的统一。这种统一标志着理性将自我意识对他物和他人乃至世界的否定态度转变成了肯定态度。这肯定态度即是一种将对他物和他人乃至世界看成是“无差别的差别”的态度。所以，黑格尔又称理性的自我意识是普遍的自我意识，普遍的自我意识的本质是“确信它与它自身的统一存在于它的自我意识的双重性和两个自我意识的独立性中”。[38]普遍的自我意识要高于或发达于欲望的自我意识和承认的自我意识。欲望和承认都不具有完全的独立性，它们的双重性都是出于对方有形或无形的恐惧而被迫产生的，这就决定了知性的爱只能是形式的、外在的、有限的。相反，普遍的自我意识既存在于自我意识的双重性之中，又存在于自我意识的独立性之中，还存在于自我意识的统一性之中。因此，普遍的自我意识具有完全的独立性,这就决定了它的双重性是在没有外界压力的前提下产生的,它的统一性是内在的、普遍的伦理精神的统一。图书馆员普遍的自我意识的产生是图书馆精神发展史上又一次具有里程碑意义的重大事件。它标志着图书馆精神既完成了对浑然一体的图书馆的否定,又完成了对撕裂成碎片的图书馆的否定,也即是说图书馆精神完成了否定之否定即肯定的伟大长征。

理性的爱是知性的爱的真理。知性的爱因片面认识的局限而特别擅长制造矛盾。它总是为特殊目的而要坚持他的卑贱兴趣,这卑贱兴趣导致他总要处心积虑的为自己设定僵硬的限制。它既要否定独立性,又要肯定独立性。它所否定的独立性只是对方的独立性,它所肯定的独立性只是自己的独立性。这不对称的独立性导致知性的爱矛盾丛生。相反,理性的爱因全面而又深刻的认识而特别善长和解矛盾。“理性是共相,共相本身超出特殊,也超出一切特殊,理性只能是对限制的超越。”[39]理性对限制的超越性决定了理性“是与对立取得了和解。”[40]理性的爱和解矛盾,是从瓦解知性的爱为自己设定的僵硬限制开始的。理性的爱出于普遍的目的而坚持着要捍卫普遍性的高尚兴趣,这高尚兴趣导致要超出限制的高贵热情,这高贵热情又导致要超出限制的伟大运动。超出限制的伟大运动就是将“特殊的限制”过渡到“普遍的无限制”的运动。“过渡不是同一个内容和本质的一种简单的形式变换”,[41]而是顺应限制物自身矛盾的发展而走向他的反面。这个“反面”并不与原来的限制物相对立,而是“限制之超出自身,正是与自身和一”。[42]换言之,“当某物过渡到他物时,只是和他自己在一起罢了”。[43]“与自身合一”和“和他在一起”,就是把特殊的僵硬限制消除之后出现的有机整体。有机整体没有驱逐特殊,驱逐的仅仅是特殊的“僵硬限制”而已。砸碎的是锁链,得到的是世界。过渡运动需要发动者,这发动者就是“思维”。这里所说“思维”不是感性思维和知性思维而是理性思维。理性思维不是那种只顾主观能动性的思维,而是要受客观规律本身支配的思维。

它的本质特征是要“略去特殊的意识和见解”[44]从而使由僵硬限制导致的对立性过渡为统一性。这种“思维就是在他物中自己与自己结合到一起。思维就是一种解放,而这种解放并不是逃避到抽象中去,而是指一个现实事物通过必然性的力量与别的现实事物联系在一起,但又不把这别的现实事物当成异己的他物,而是把他当成自己固有的存在和自己设定起来的东西。这种解放,……就其为纯洁的情感而言,便叫做爱。”[45]没有理性思维的解放就没有理性的爱。理性思维把学校、图书馆、书和读者理解为一个活生生的思想体系,它的目的是为了“达到真正必然性的知识”。[46]“真正必然性的知识”是消除了片面知识的僵硬规定性后再将其有机联系起来而形成的概念知识。概念是存在与本质的统一。概念即有机整体,它是“根据严密的逻辑推理而构造出(的)体系。”[47]概念因其必然性和整体性而成为了真正的科学知识。这种真正的科学知识是图书馆建设与发展的唯一救星,它可以使图书馆不屑于用“权术机智以敷衍应付目前”的一切困难。[48]可以使图书馆彻底摆脱诡辩论的误导。理性的爱的目的是要建设由理性这一纽带联系起来的有机整体。理性思维、理性的爱和概念知识谁也离不开谁地纠缠在一起,它们互为滋养、互为创建、互为过渡。理性的爱和理性思维都是由概念知识武装起来的。图书馆员的整体性知识拓展到哪里,图书馆员的理性思维的触角就延伸到哪里,图书馆员的理性的爱就跟随到哪里。它们殊途同归,都在为一个共同的最高目标——有机整体而奋斗!

理性的爱是一种“精神的美”。[49]“精神的美”是“一种纯粹的忘我,一种完全的舍我”,而且在“这种遗忘中我却从一开始就和我所沉浸到里面去的那个对象处于一体”。[50]理性的爱产生于精神性意识的主体中,它“必须联系到全部意识,联系到全部见解和旨趣的高贵性”。[51]理性的爱只能在高贵的精神教养使每一个图书馆员的存在达到高度人性化水平时才能产生,这高贵的精神教养相对于图书馆员而言，首先要有对学校、图书馆、书和读者全面而又深刻的认识，其次要能够自觉地用理性这一纽带把学校、图书馆、书和读者联系为一个有机整体，再次要以"服务的英雄主义"对待学校、图书馆、书和读者。"服务的英雄主义"既是"一种德行，它为普遍而牺牲个别存在，从而使普遍得到特定存在"；又是"一种人格，它放弃对自己的占有和享受。"[52]"服务的英雄主义"是一面伟大的旗帜，这旗帜写着："我付出的愈多，我保留也就愈多，这两方面都是无限的"。[53]然而，理性的爱至今只是一种"理想"。理想是"现实世界须如它应该的那样"。[54]正是应该"那样"而没有"那样"，才使人类产生了一定要"那样"的坚强决心。理性的爱虽然是图书馆精神的最后环节，但由于它在逻辑关系中可以起到决定性的作用，换言之，它可以扮演建设和发展图书馆精神的最高根据或目标的角色。所以我们完全应该甚至必须把理性的爱逻辑在先地作为第一性的东西去诱导或指导图书馆精神的建设和发展。

4　四爱精神

4.1　爱校

高校图书馆是高校制造的一个差别，高校是国家制造的一个差别。高校图书馆只能结合在高校之中，而不可能跨越高校这一环节直接地被结合在国家之中。因此，我认为高校图书馆四爱精神的第一爱应该是爱校，而不是爱国。高校是将高校图书馆结合起来的一种关系。高校图书馆的真理并不存在于高校图书馆之内，而是存在于高校这一统一体中。高校图书馆的真理性要体现出来，就必须将"图书馆整理"拓展为长链条、全覆盖、深层次的文献开发，而且文献开发的水准要居于教学和科研的前沿。彭德怀曾在朝鲜战争结束后感慨到，不是他彭德怀而是洪学智在与美国打这场战争，打仗就是打装备运输，洪学智是负责志愿军装备运输的将军。高校教学和科研的水平取决于教些什么,研究些什么,而教些什么,研究些什么又取决于图书馆为他们提供了怎样的文献资源。有资料显示,我国教科书距学科前沿至少相差10年,世界现有的3000余门学科中由中国人创立的只有30门左右。所以,中国著名信息学家钟义信说:“中国学者首创的学科太可怜了”。我认为,这其中的原因是复杂的,但中国的高校图书馆员既缺少信息描述、信息分析、信息揭示的能力,又缺少将信息提炼成知识、理论乃至思想的能力是根本原因之一。在西方,“图书馆员无所不知”,早已是一句很流行的语言。美国国会的图书馆员可以为参议员写发言稿,美国大学的图书馆员可以为教学和科研提供学科前沿的资讯。我国高校的图书馆员应该树雄心,立壮志,力争早日担当起信息、知识乃至思想导航的重任,把只会“开门坐等”、只会“借借还还”、只会“一问三不知”的耻辱帽抛进太平洋中去!

4.2 爱馆

杜定友说:“图书馆到底是什么,很多人还没有明白。”[55]爱馆首先要知道图书馆到底是什么。吉尔曼说:“大学图书馆是大学的心脏。”郭沫若说:“办好图书馆,就办好了大学的一半。”萧伯纳说:“图书馆是人类的头颅。”阮冈纳赞说:“图书馆是一个生长着的有机体。”奥列佛·温德尔·霍姆斯说:“图书馆……只不过是孵化学者的巢穴。”刘国钧说:“图书馆本是人们精神食粮的供给所。”莱布尼茨说图书馆是人类的“百科全书”,认为图书馆是“和一切时代的伟大人物相互对话的场所”。李小缘说:“图书馆乃文明国之征像”,“图书馆乃文明之渊薮”。他在20世纪50年代就提出:“高校图书馆应该是学术性机构”的主张,认为高校图书馆服务的特点要体现在其他行业的服务所不具有的学术性上。对图书馆有怎样的认识,就有对图书馆怎样的爱。“一条蚯蚓、一片树叶以及吃饭睡觉都可以成为科学研究的对象”,图书馆员天天与图书馆在一起,“为什么要否认客观存在着上千年而在社会生活中起着作用的图书馆可以成为科学研究的对象呢”。[56]爱馆如果停留在心意上,则无任何意义。爱馆就要认识图书馆、研究图书馆,并将研究成果付诸实践。爱馆就要像阮冈纳赞那样把图书馆精神作为图书馆生死攸关的重要原则。爱馆就要像杜定友那样把图书馆当作自己的生命去爱,他爱馆曾写下“我愿做图书馆界的黄花岗烈士”的遗愿,曾表示哪怕给他一个大总统的职位也不愿干!爱馆就要像吴建中那样甚至晚上睡觉做梦也想的是图书馆。就要像程焕文那样为呼唤图书馆精神竟然苦苦坚持了10多年!

4.3 爱书

“书”是什么?书是图书馆与读者联系的中介。“书”作为中介,它扮演着一个“第三者”的角色,它客观上起着把图书馆和读者相互介绍给对方的作用,这种作用否定了图书馆和读者的“个别性”和“特殊性”,换言之,这种作用是一种把图书馆和读者联系起来了的作用。没有这一中介,图书馆与读者就失去了可以互为创建的统一关系。爱书就应该把“书是为了使用的”作为爱书的最高原则。“书是为了使用的”是“书是为了保存的”的真理。“书籍为思想之所寄托,亦即文化所籍以延续之工具”[57]爱书就是爱知识、爱真理,采集遗漏一本或封存一本可以影响人类几十年、几百年甚至上千年的好书,犹如熄灭一座灯塔,熄灭一座灯塔犹如为黑暗王国拓展了一片国土。阅读一本好书犹如一只火炬在点燃另一只火炬,一本好书被阅读的人越多,被点燃的火炬就越多,被点燃的火炬越多,平庸、愚昧、野蛮甚至罪恶的藏身之地就会越来越少。爱书就应该像意大利“文艺复兴之父”彼特拉克那样把书当成是会说话的朋友。爱真理就应该像古代亚历山大图书馆第二任馆长卡里马楚斯那样为真理而伏在书堆上哭出了震撼人类两千多年的爱。一次,卡里马楚斯在编制亚里士多德学派著作的目录时,发现在“自身不列入的目录”和“总目”中,如果“总目”不列入“总目”，那么“总目”就会变成“非总目”即“自身不列入的目录”；如果“总目”列入“总目”，“总目”又会因变成了“自身列入的目录”而不再是“自身不列入的目录”了。显然，“总目”无论列入或不列入“总目”，“总目”都跳不出自身矛盾的陷阱。卡里马楚斯受时代的局限，他不明白二值逻辑因驱逐矛盾而驱逐了真理，多值逻辑因容纳矛盾而捍卫了真理的道理。但是他为自己所发现的逻辑矛盾始终不能得其破解而哭的精神却是崇高的、圣洁的、伟大的。

4.4 爱读者

读者是什么？读者既是大学又是大学图书馆绝对重要的有机组成部分，没有读者，不仅大学图书馆将失去存在的任何意义，而且大学也将失去存在的任何意义。大学图书馆与读者的关系应该互为对象、互为创建、互为促进的关系。李小缘把读者看成是上帝，上帝是“全智全能”的，它不需要再学习。我认为读者不是上帝，而是来图书馆来聆听上帝教诲的人。“上帝”就是真理，真理就在大思想家、大政治家、大教育家……的伟大著作里。因此，爱读者，就应该像莱布尼茨那样，强调图书馆的头等重要的义务就是要想方设法让读者利用馆藏。就应该像周文骏那样把图书馆与读者的关系视为图书馆最基本的关系。就应该像刘国钧那样教育馆员“不仅和蔼接待阅者……尤须进而作诚恳之指导”。[58]“指导之时，尤须勿俨然以教者自居，而有轻恶之口吻……图书馆员应倍自谦逊，平心静气，和颜悦色，以待来者”，“一馆之名誉之优劣，皆系于此”。[59]更应该像李小缘那样，强调“对待读者，应具墨子摩顶放踵之精神”。[60]

参考文献

1-5,9,14-16,18-22,24,26-29　黑格尔著；贺麟译. 精神现象学(上卷). 上海：商务印书馆，1979

11,48,52　黑格尔著；贺麟译. 精神现象学(下卷). 上海：商务印书馆，1979

6　张士朝,李希孔. 从一次业务知识测量结果谈情报工作者的整体素质. 图书情报通讯,1998(1)
7,55　杜定友. 图书馆学论文选集. 书目文献出版社,1998
8　黑格尔著;杨一之译. 逻辑学(下卷). 上海:商务印书馆,1976
10－13,32,37　黑格尔著;范扬译. 法哲学原理. 上海:商务印书馆,1982
17,23,43－46　黑格尔著;贺麟译. 小逻辑. 上海:商务印书馆,1987
30,47　黄宗忠. 图书馆学导论. 武汉大学出版社,1988
31　黑格尔著;贺麟译. 哲学史演讲录(3卷). 上海:商务印书馆,1996
34　袁永秋. 外国图书馆学名著选读. 北京:北京大学出版社,1988
35,49,50　黑格尔著;朱光潜译. 美学(2卷). 上海:商务印书馆,1982
39,42　黑格尔著;杨一之译. 逻辑学(上卷). 上海:商务印书馆,1976
51,53　黑格尔著;朱光潜译. 美学(1卷). 上海:商务印书馆,1982
54　黑格尔著;王造时译. 历史哲学. 上海:上海世纪出版集团,2001
56－59　刘国钧. 刘国钧图书馆学论文选集. 北京:书目文献出版社,1983
60　马先阵. 李小缘纪念文集. 南京:南京大学出版社,1988

自由、平等、共享、秩序
——构建图书馆精神价值体系

高元文　秦　剑(中山大学图书馆)

1　图书馆精神及其价值表现

1.1　图书馆精神

近百年来中国图书馆事业曲折发展的历史,离不开贯穿于图书馆事业和图书馆活动中的“图书馆精神”。关于图书馆精神的话题永恒而纷纭,不同学者有着不同的理解。在众多对于图书馆精神的解读中,程焕文、范并思、蒋永福和肖希明的观点比较具有代表性,他们的论文在阐述图书馆精神方面最为突出。

程焕文教授极力推崇“文华精神”的人文理想,他将“文华精神”定义为中国图书馆精神的家园,并从“智慧与服务”的文华精神中总结出“爱国、爱书、爱馆、爱人”的图书馆精神,系统归纳和提出了图书馆精神的完整的体系结构 。他的观点更贴近图书馆人和图书馆事业的实践。他指出图书馆精神由事业精神、职业精神和科学精神三个层面构成,认为“事业精神主要有三个方面的内容: 第一,人人享有平等使用图书馆的权利;第二,人人享有自由利用图书馆的权利;第三,免费服务是平等使用和自由利用图书馆的基本保障”。职业精神则归结为“四爱”,即爱国、爱馆、爱书、爱人。

范并思教授强调图书馆精神中的自由与权利内涵,他的人文理想核心是通过图书馆保障民众获取知识与信息的公平的权利。他认为图书馆精神是图书馆人对图书馆事业人文理想的一种认同。强调的是基于社会信息公平和信息保障制度基础上的一种精神,他认为可以从三方面来理解图书馆精神。最高层的图书馆精神,是尊重与信仰信息公平的基本理念,致力于保障公民自由获取信息权利的精神。中间层次的图书馆精神,是对图书馆人的职业价值的维护。最基层的图书馆精神,是爱岗敬业的精神。同时,他强调现代图书馆精神内涵是:信仰信息公平的理念,尊重人的信息权利;对信息弱势群体的人文关怀,使图书馆服务朝弱势人群倾斜;对图书馆职业的尊敬。

在国内,蒋永福教授首次提出了知识自由是图书馆的核心价值和图书馆精神的观点。从"制度图书馆学"这一概念出发,认为图书馆就是人类的知识自由权利的社会保障制度,维护和保障知识秩序、知识共享和知识自由,是古今中外各类型图书馆的共同的基本精神。也就是说,知识秩序、知识共享和知识自由是构成图书馆基本精神的三大方面。

肖希明教授则把图书馆精神定义为科学精神与人文精神的融合,他认为图书馆发展至关重要的问题是需要寻找强大的精神动力,而这种精神动力是经过整合和融通的科学精神和人文精神。他认为图书馆具有悠久的人文传统和人文精神,现代科学技术在图书馆的广泛应用极大激发了图书馆的科学精神。他将图书馆职业精神的内涵概括为:(1)以人为本,服务至上的人文精神;(2)尊重理性,追求真理的科学精神;(3)与时俱进,不断创新的进取精神;(4)敬业乐业,矢志不渝的奉献精神。

不论何种观点,不论是从人文主义、知识自由、现代组织管理理论还是从制度学等角度的研究和探索,殊途同归,都是从不同角度和切入点论述和构建了图书馆精神的核心和本质。自由、平等、共享和秩序理念的深入研究与发展,又赋予了新世纪人文图书馆精神新的内涵。

1.2　图书馆精神的价值体现

(1)图书馆精神价值首先体现在图书馆学理论是以人为主体研究对象的价值体系

程焕文教授根据图书馆内在体系结构,将图书馆精神划分为三个层面,即:图书馆的事业精神(原则精神)、图书馆的职业精神(理想精神)和图书馆的科学精神(学术精神)。认为:“全部图书馆的历史实质上是图书馆人本身的历史。无论是在图书馆学理论研究中,还是在图书馆实践活动中,人的问题始终是一个重要的问题,忽视了对人的研究,忽视了人的作用,尤其是忽视了曾有所创造的人们的作用,实质上也就是抹杀了图书馆学术和图书馆事业。”

蒋永福先生提出:“图书馆学应该把人当作主体性存在,研究人与其客体——文献信息之间的价值互动关系。因为文献信息之间的价值关系,实际上是人与人之间的交流关系。图书馆学以文献信息与人的关系为基点,去重视人,关注人类的(文化)命运,促进人类的文化进化进程。这就是图书馆学的最高历史使命。”

图书馆学以人为研究对象,它的最终和最高目标是为人的全面发展服务。图书馆精神实质上是对人的管理和升华。对图书馆精神的研究和探讨,对于进一步完善人文图书馆学和制度图书馆学理论体系作出贡献。因此,图书馆精神的价值一方面为图书馆整体可持续运行提供精神动力和职业信念,另一方面是对图书馆管理和服务的各系统、各环节起着指导和保障作用。

(2)图书馆精神价值体现在图书馆事业的实践是以“四爱”精神为原则的职业理想认同

图书馆精神的价值取向一方面反映和体现图书馆的本质,另一方面指导图书馆的社会实践。爱国、爱馆、爱书、爱人的图书馆精神是中国图书馆界经过百年世代相传的发展凝聚和历史沉淀,有助于在图书馆理论与实践中树立自由与平等的人文理想,体现出当代图书馆界职业价值观取向的确立以及职业信念的成熟。对于处于跨越历史阶段的复杂转型时期的中国图书馆社会实践，尤其具有重大的理论价值和现实意义。

随着经济发展和社会公民素质的不断提高，绝大多数的图书馆已经将“四爱”精神作为图书馆人的职业精神理想，将免费开放，自由平等使用图书馆资源作为图书馆服务的宗旨，并且不断地明确、修正和提升服务和管理理念，把人文与技术有机结合起来。

“5·12”大地震发生之后，灾区图书馆严重损毁，北川县图书馆、安县、江油市、什邡市、青川县都江堰市图书馆等很多图书馆损失惨重，办公大楼倒塌，所有设施设备全部毁损，图书馆工作人员无家可归，共享工程县级支中心设备损害严重。以李春馆长为代表的灾区图书馆人不屈不挠重建家园的精神，程焕文先生发起“图书馆家园——援助图书馆人计划”、支援灾区图书馆志愿者活动等行动，全国乃至全球图书馆人对灾区图书馆重建的支持和帮助都是图书馆“四爱”精神在图书馆实践中的绝好体现。

(3)图书馆精神价值是对读者权利和图书馆伦理价值的社会制度保障

从图书馆人文关怀、图书馆人本精神、读者权益、信息自由、信息平等和共享、信息秩序到图书馆保障制度；从1927年杜定友先生公开宣扬图书馆公平自由的无区别服务开始一直到现在，中国图书馆界在个人权利和个人自由领域对图书馆职业伦理价值和图书馆权利的研究和讨论便从来没有停止过。

程焕文教授从社会和个人繁荣与发展的角度提出，人人自由平等地利用信息资源是人类基本价值体现，图书馆尤其是公共图书馆就是体现和保障这一原则的社会机制。

范并思认为“不论社会信息环境如何变化，不论西方图书馆界是否继续他们的公共图书馆制度，对于处在民主化进程起步之初、民众文化素质与信息能力相对低下的中国，我们的确需要真正的公共图书馆制度——一种足以维护信息公平、保障民众信息权利的社会信息保障制度。这是中国图书馆界的百年未成之业”。

蒋永福先生认为图书馆是国家或政府为了保障公民的知识自由权利而提供的制度性公共产品,图书馆事业理应属于国家公共政策所调整的对象。因此,维护和保障公民的知识自由权利,应成为图书馆活动始终予以贯穿的基本精神。

(4)图书馆精神价值体现在对新时期图书馆核心价值的人文弘扬

图书馆核心价值要素包括读者与用户、资源与服务、技术与管理和图书馆建筑、图书馆设备、图书馆布局、文化氛围建设等硬件资源四个方面。

读者或用户是图书馆产生发展过程中的决定因素,也是最活跃、最积极的生产力因素,这充分体现了图书馆精神与核心价值:以人为本。从用户平等、用户自由、用户需求的角度分析图书馆精神与核心价值。

资源与服务是图书馆核心价值的两个组成部分。图书馆的社会价值是知识和文明传播,保存信息资源是图书馆的历史使命,而利用信息资源则是图书馆的根本目的。其次,在服务方面,人人享有平等权利。这种平等不仅体现为用户之间的平等,也体现为图书馆工作人员与用户之间的平等、图书馆内部工作人员之间的平等、馆与馆之间的平等。

技术和管理:技术要素既包括传统图书馆工作涉及的编目、分类等技术,也包括信息搜集、加工、分析、处理、网络、系统等新技术。管理要素则体现在制度的制定、实施、评价和改进方面,每个方面都可以充分体现图书馆精神的人文主义色彩。

图书馆设备、图书馆布局、文化氛围建设等硬件资源等要素,与图书馆文化相融合,是图书馆精神的一个重要方面,体现了图书馆精神的内涵。

2　图书馆精神研究的必要性

图书馆精神的研究虽然近年来引起来图书馆界的重视，但是对其研究的层次和深度仍然不够，有待于进一步的提高。随着研究的不断深入，对图书馆精神研究的论文不断增加，研究图书馆精神的人数不断增多，研究也趋于成熟；图书馆精神研究主题进一步向纵深方向发展，图书馆核心价值、知识自由、信息社会保障制度等关于图书馆精神新的研究主题相继出现。

2.1　图书馆精神和价值的缺失

导致图书馆精神的缺失的主要原因是忽视现代图书馆精神的真实内涵。图书馆精神缺失包括人文精神的缺失和科学精神的缺失，前者具体体现在图书馆事业理念的缺失、图书馆价值的缺失、图书馆制度方面的缺失等方面。图书馆科学精神缺失主要表现为三方面，分别是信息鸿沟，信息歧视和信息垄断。

程焕文教授用“整体非理性”来概括中国图书馆事业发展的状态。为我们揭示出了“图书馆精神”发展较为深刻的社会原因的制约之所在。

1988 年开始，程焕文教授开始在图书馆学术界引领关于“图书馆精神”的争鸣和讨论。时至今日，学术界对于图书馆精神的理论探讨和研究已经得到广泛重视，但是对于我国图书馆事业发展中，在图书馆实践领域对图书馆精神及其价值的贯彻始终处于部分缺失状态。

2.2　数字鸿沟：加剧了信息获取和使用的不平等差异

信息技术发展目的是为了消除不同地区人们获取知识和利用信息的不均衡。但是，信息技术的发展并未真正消除人们在获取知识和利用信息方面的不平等,反而加剧了这种不平等差距的扩大。数字信息的大量产生在丰富了社会信息资源的同时,也在一定程度上加剧了获取知识和利用信息的不平等,形成了一定的数字鸿沟。

由于技术和经济发展水平、地区间差异、个人信息素质差异和信息不对称等现象带来了新的信息获取和信息利用的不公平。

2.3　信息歧视和信息垄断现象是当前中国图书馆事业发展必须克服的障碍

图书馆是信息公平的社会保障制度,是国家或政府为了保障公民的知识自由权利而提供的一种制度性公共产品。那么它的发展便一定会受到社会体制、地区环境、公民素质和社会文明程度的制约,存在各种形式和程度的信息歧视和信息垄断现象。

2.4　从图书馆精神到图书馆核心价值

图书馆精神概括了图书馆核心价值,图书馆核心价值在某种程度上反映了图书馆精神。图书馆精神是对图书馆事业的人文认同,是图书馆事业百年发展的历史和人文沉淀,那么图书馆核心价值则是对图书馆事业的制度学和管理学认同,是新的历史时期,对于图书馆精神的时代诠释。

2004 年中国图书馆年会重新确立了百年图书馆精神,2007 年中国图书馆新年峰会决定确立核心价值观并起草《图书馆服务宣言》,标志着中国图书馆的核心价值观的明确确立。也标志着图书馆精神和图书馆核心价值的统一和拓展。

3　自由、平等、共享、秩序:图书馆精神价值体系

3.1　自由的价值

知识自由是图书馆精神的核心要旨。维护和保障知识自由,是

图书馆基本精神的最高价值所在。《公共图书馆宣言》特别强调，“社会和个人的自由、繁荣与发展是人类的基本价值”。

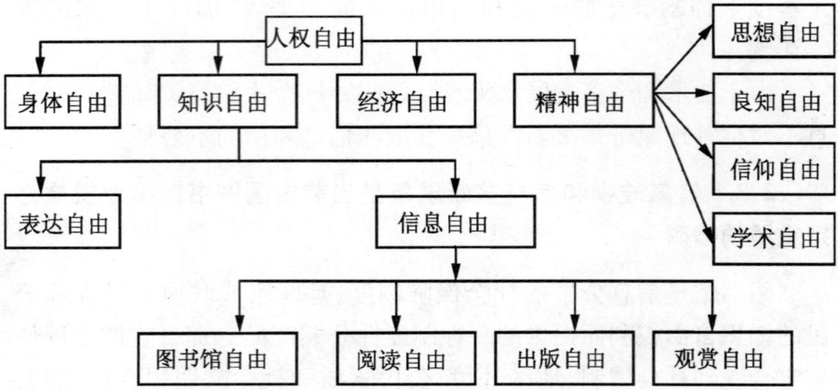

知识自由(Intellectual Freedom)包括信息自由和表达自由，指知识生产、知识接受、知识交流、知识选择和知识利用的自由。信息自由(Freedom of Information)是指接触他人意见的自由，包括自由获取、传播、合理使用信息等，是人们自由从事或进行信息活动的权利。起源于西方的“图书馆自由”的核心精神是信息收集、提供、获取和传递的自由。

在国内图书馆学界，蒋永福教授是较早引入知识自由概念并较系统地加以研究的学者。第一个提出了知识自由是图书馆的核心价值的观点。他认为所谓知识自由，是指知识在公平、开放环境下，无限制或最少限制地生产、获取、传播、利用的过程或状态。

知识自由是人权自由的重要组成部分，图书馆的存在，为人类实现知识接受自由提供了社会化的制度性保障。图书馆职业的核心价值是维护公民的知识自由权利，图书馆职业必须坚持公益原则、服务原则和自由存取原则。

3.2 平等的价值

平等理念是民主社会的基本理念。平等原则是国际图书馆界倡导的基本原则。著名图书馆学家阮冈纳赞的图书馆学五定律充分体现了平等精神。坚持以人为本的图书馆精神和对读者权利的充分维护,就是贯彻平等原则、杜绝信息歧视在图书馆服务中的最好体现。平等原则与自由原则缺失便会造成图书馆知识自由的障碍和图书馆精神的缺失。

知识平等,是人类平等理想在知识信息活动领域中的表现,是指知识主体之间在知识信息活动中所处的权利平等、机会平等和分配尺度平等的状态。

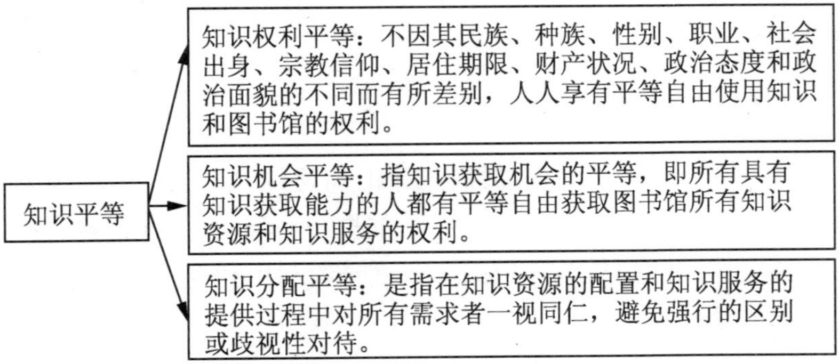

3.3 共享的价值

从全社会的角度看,知识的力量来自共享。知识资源的功能价值与其共享程度成正相关关系;著名的“梅特卡夫(Metcalf)法则”证明:网络的价值与使用人数的平方成正比。这表明,知识资源的价值主要在于共享。

知识共享就是主观知识之间、客观知识之间以及主观与客观知识之间的相互交融与转化过程。而这种交融与转化过程,必须具有一定的载体或平台环境才能顺利进行,因此,任何民主国家或政府都有责任为公民提供知识共享的公共平台,图书馆正是这种公共平台,是促进人类客观知识主观化的社会场所。

2005年《武汉宣言》是中国图书馆界“民间”自发自觉发布的代表“民意”的方向性行业宣言。通过声张图书馆权利,声明图书馆立场,声言信息资源共享。“实现信息资源共享”是《武汉宣言》的出发点,也是其落脚点,同时又是其特点所在。

信息技术及其知识资源的共享程度越高,信息社会的公平程度就越高。为人类的知识共享活动提供公共平台,是作为制度性公共产品的图书馆共同遵循的基本精神之一。图书馆为知识共享而产生、而存在、而发展。这也是历史赋予图书馆的一种基本精神。维护和保障知识共享,是图书馆基本精神在社会意义上的表现。

3.4 秩序的价值

知识具有累积性和多样性,无序的知识世界不仅不能成为人类的力量,反而是人类的敌人。因而,维护和保障知识秩序,自然也就成了人类共同的任务对知识的求获、传播、利用和创造活动,是全人类的共同活动。

因此,从宏观上看,维护和保障知识秩序的活动必须是一种社会性行为,图书馆同样是国家或政府以维护和保障知识秩序为目的而设立的一种制度产品。我们可以看到,自古至今的各种类型图书馆,都是以知识的公共积累和公共整序为主要内部活动任务的。

谢拉说过,秩序对于图书馆是至关重要的圈。如果没有对知识秩序的诉求,社会上便不可能产生图书馆这样一种社会组织机构。知识通过图书馆的组织活动,便获得了集中和秩序化的能量,为以后的传播、利用和创造过程奠定了基础。因此,我们可以说,给知识以秩序,是图书馆最基本的目标与任务所在,维护和保障知识秩序,是图书馆最基本的历史使命与理念精神所在。

3.5 自由、平等、共享、秩序:理想的图书馆精神价值体系

第一,人人享有平等使用图书馆的权利;第二,人人享有自由利用图书馆的权利;第三,免费服务是平等使用和自由利用图书馆的基本保障。这是程焕文教授理想中图书馆精神的内容。

给知识以秩序,给人们以知识共享的公共平台,给人们以知识自由的制度保障,这就是图书馆存在的目的与价值所在,因而也是图书馆精神的真谛所在。蒋永福给我们构筑这样一个完美图书馆状态。

总之,图书馆实质上是国家或政府为保障公民的知识自由权利而提供的一种制度产品。由此我们也可以说,维护和保障人类的知识自由,是最高意义上的图书馆基本精神。维护和保障知识秩序,是图书馆基本精神的基础表现或内部表现。维护和保障知识共享,是图书馆基本精神在社会意义上的表现。可见,对图书馆来说,维护和保障知识秩序和知识共享,最终要服务和服从于维护和保障知识自由和平等这一最高指望或宗旨。

自由、平等、共享、秩序,正是理想的图书馆精神及其价值的最完整诠释。

参考文献

1 程焕文. 图书馆精神. 北京:北京图书馆出版社, 2007

2 程焕文. 图书馆人与图书馆精神. 中国图书馆学报, 1992(2)

3 马费城. 世代相传的智慧语服务精神. 北京:北京图书馆出版社, 2001

4 程焕文,周旭毓. 图书馆精神——体系结构与基本内容. 图书馆, 2005(2)

5 范并思. 论图书馆人的权利意识. 图书馆建设, 2005(2)

6 范并思. 图书馆精神学习札记. 图书与情报, 2006(6)

7 范并思. 图书馆精神的历史缺失. 新世纪图书馆, 2004(6)

8 叶继元. 中国百年图书馆精神探寻. 图书情报知识, 2004(5)
9 肖希明. 图书馆呼唤科学精神与人文精神的融合. 图书馆, 2000(1)
10 蒋永福. 关于知识自由与图书馆. 图书馆杂志, 2003(8)
11 蒋永福. 图书馆自由:定位及其责任主体. 图书馆, 2006(5)
12 杨文祥,付鹏. 图书馆精神研究综论与若干基本问题的思考:“图书馆精神跨学科历史思考”系列论文之一. 图书馆, 2005(3)
13 黄晓斌. 论杜定友先生的图书馆精神及其现实意义. 图书馆学研究, 1998(6)
14 曹树金,陈忆金. 论图书馆精神与图书馆价值观. 图书馆论坛, 2005(10)
15 范并思. 建设一个信息公平与信息保障的制度. 图书馆, 2004(2)